满腔热情献科学
执着为国育人才

李宝健传

著名遗传学家与生物技术专家

◎ 冯双　贺竹梅　武少新　编著

中山大学出版社
·广州·

版权所有　翻印必究

图书在版编目（CIP）数据

李宝健传/冯双，贺竹梅，武少新编著．—广州：中山大学出版社，2013.6
ISBN 978-7-306-04491-4

Ⅰ．①李… Ⅱ．①冯… ②贺… ③武… Ⅲ．①李宝健—传记 Ⅳ．①K826.2

中国版本图书馆 CIP 数据核字（2013）第 042241 号

出版人：	徐　劲
策划编辑：	张礼凤
责任编辑：	张礼凤
封面设计：	林绵华
责任校对：	赵丽华
责任技编：	黄少伟
出版发行：	中山大学出版社
电　　话：	编辑部 020-84111996，84111997，84113349，84110779
	发行部 020-84111998，84111981，84111160
地　　址：	广州市新港西路 135 号
邮　　编：	510275　传　真：020-84036565
网　　址：	http://www.zsup.com.cn
	E-mail: zdcbs@mail.sysu.edu.cn
印 刷 者：	佛山市浩文彩色印刷有限公司
规　　格：	880mm×1230mm　1/16　10.75 印张　262 千字
版次印次：	2013 年 6 月第 1 版　2016 年 10 月第 5 次印刷
定　　价：	89.00 元

如发现本书因印装质量影响阅读，请与出版社发行部联系调换

内 容 提 要

为庆祝李宝健教授八十寿诞暨回顾李宝健教授从事科学研究与教书育人58周年所取得的瞩目成就,特著此书。

全书分上下两编,共六章,系统地介绍了李宝健的家世与生平、教学与科研成果。李宝健出生于教育世家,他丰富的人生经历和积极向上的精神,造就了一代著名的科学家。

通过本书可以使我们系统地了解与学习老一辈科学家热爱祖国、艰苦奋斗、献身科学与教育事业的精神。

序

  李宝健教授是我国著名的遗传学家和生物技术专家，至今已为中山大学奉献了五十余个春秋，今年将迎来他八十寿辰，值此传记出版，提笔作序，欣喜之余，愿将我所了解的李宝健先生介绍给诸君。

  李宝健教授从事遗传学、植物基因工程、农业生物技术和医药生物技术等领域的科研工作，取得了一系列创新性成果。他对教学工作认真负责，先后开设细胞学、遗传学、生物技术的原理与方法等多门课程，其中多数是在我校首次开课的新课程。他长期坚持创新性很强的科学研究工作，如他与同事合作应用生物技术培育出高产、高营养、抗性好的"黑优粘"系列新品种，并带动了我国整个"黑色食品"的发展，该项目在2008年获得国家科技进步奖二等奖。

  李宝健教授取得的累累硕果受到党和国家的重视，他先后被授予全国先进工作者、全国教育系统劳动模范等荣誉。值得一提的是，在退休以后，他还继续坚持很有意义的教学和科研工作，并获得2004年至2006年广东省老科技工作者优秀个人奖和中国老科技工作者协会于2008年颁发的"中国优秀老科学技术工作者"奖。

  作为学校的一位老领导，李宝健教授虚怀若谷，他始终认为人的一生之所以能取得一点进步，完全是祖国、母校、父母和老师关心、教育、培养以及与所有合作过的人共同努力的结果。他认为，一切工作都要依靠群众的支持，应该以友善平等的态度对待师生，要虚心向师生学习。这与我们现在倡导的人心向学、人心向上，不断追求卓越的办学理念是一致的。

  八十阳春岂等闲，几多辛勤化甘甜。如今但祝朝朝舞，当信人生一百年。祝李宝健教授八十寿辰快乐！

  是为序。

许宁生

（中山大学校长、中国科学院院士）

目　　录

上编　家世与生平

第一章　家世与求学 ……………………………………………… 3
　　第一节　家世传承 ……………………………………………… 4
　　第二节　求学求索 ……………………………………………… 14
第二章　工作与贡献 ……………………………………………… 26
　　第一节　工作历程 ……………………………………………… 27
　　第二节　社会贡献 ……………………………………………… 69
第三章　记忆深处的几件往事 …………………………………… 81
　　第一节　受到毛主席等党和国家领导人的接见 ……………… 82
　　第二节　应约拜访蒋纬国先生 ………………………………… 85
　　第三节　与美国财政部官员会谈 ……………………………… 86
　　第四节　与日本皇太子的一面之缘 …………………………… 88

下编　教学与科研成果

第四章　教学与人才培养 ………………………………………… 93
　　第一节　对本科生及进修生的培养 …………………………… 94
　　第二节　对研究生的培养 ……………………………………… 99
第五章　标志性科研成果 ………………………………………… 107
　　第一节　遗传学基础研究成果 ………………………………… 108
　　第二节　植物基因工程研究成果 ……………………………… 110
　　第三节　农业生物技术研究成果 ……………………………… 117
　　第四节　医药生物技术研究成果 ……………………………… 122
第六章　成果年表 ………………………………………………… 126
　　第一节　奖励奖项 ……………………………………………… 127
　　第二节　发明专利 ……………………………………………… 127
　　第三节　论著论文 ……………………………………………… 134
参考文献 …………………………………………………………… 161
后记 ………………………………………………………………… 162

上　编

家世与生平

1938 年，李宝健母亲带领兄弟三人去香港避难，父亲从广州专程赶来和家人团聚。该照片拍摄于香港。右一为李宝健，左一为哥哥李宝善，坐在母亲怀抱中的为弟弟李宝良

第一节 家世传承

李宝健，祖籍广东中山小榄。李氏先祖多代从事中医行业，到了爷爷李巨卿这一代，弃医从官。李巨卿曾任北京紫禁城守护城门的武官，后退职回乡。父亲李廷安这一辈，共有兄弟姐妹21人，其中兄弟8人。父辈兄弟多数人学有所成，其中父亲的八弟李海文是一位著名的机械工程研究专家，重庆土木建筑学院院长，曾留学德国。

父亲李廷安，摄于在协和医学院工作时

父亲李廷安，出生于1898年，字文广，八兄弟中排位第七。在李廷安7岁时，爷爷李巨卿病逝，家境日渐贫困，连李廷安童年的求学费用都需要依靠在泰国行医的二哥李乃文资助。李廷安从小热爱祖国，他对西方人侮辱中国人身体素质差的言行常常打抱不平，从小立志一定要发展祖国医学、振兴国人体质。

爷爷李巨卿生前与华人教育家钟荣光先生熟识，向钟荣光举荐李廷安，并请钟荣光将他带离家乡，出去读书。于是，钟荣光便将李廷安带到广州，安排在私立岭南大学附属中学读书。

李廷安读书非常刻苦。1918年，因学习成绩优异而获得荣誉证书，并于1919年获得柯立斯科学奖（The Coles Science Prize）。1920年9月，李廷安考入北京协和医学院预科。1921年6月，他以全班第二名的成绩从预科毕业，进入协和医学院公共卫生系学习。1926年，他以全班第一名的成绩从协和医学院

第一章　家世与求学

毕业，并同时获得温汉奖（The Wenham Prize）。由于成绩优异，1927年，李廷安获得美国洛克菲勒基金会提供的奖学金，进入哈佛大学医学院学习，1929年获哈佛大学哲学博士学位。在哈佛大学期间，李廷安曾两次获得金钥匙奖。

应上海市卫生局局长胡鸿基博士之邀，1929年2月，李廷安到上海卫生局工作了9个月。期间，他推动学校卫生事业发展并建立乡村卫生示范点，受到国内权威公共卫生学者们的赞扬。1929年底，李廷安受聘到协和医学院任教。在北京期间，他还兼任中国早期卫生机构北京卫生事务所所长一职，长达3年，为北京公共卫生教育事业发展奠定了坚实的基础，以至于后来即使在日本占领下，北京卫生事务所的工作也没有停顿。

1932年，上海市卫生局局长胡鸿基博士逝世。上海市市长吴铁城给李廷安发来急电，诚邀李廷安赴沪代任上海市卫生局局长。李廷安认为，如果能在中国最大的城市建立起现代公共卫生体系，并将之建设成中国的样板，推而广之，其价值远甚于在协和医学院进行公共卫生课堂教育，所以他欣然应允。李廷安在上海一直工作到1937年上海沦陷。在任5年间，李廷安致力于健全卫生局所属机构，全面规划了上海市的公共卫生建设，包括修建自来水工程、加强食品安全管理、大力禁绝吸食鸦片等，他在上海创立沪北戒烟（鸦片毒品）医院，使不少瘾君子获得新生。李廷安的禁烟工作一度受到上海帮会的忌恨，在李宝健3岁时，有一天晚上，上海一大流氓帮会组织了上百人围住李家，要冲进去把李家砸烂，并置李廷安于死地。李家报警后，上海市市长吴铁城急派大批警察前来保护，帮会流氓只得无奈散去。

1937年，"八一三"淞沪会战爆发后，李廷安担任上海市红十字会总指挥，积极开展救死扶伤工作。同时，他受聘担任总部设在日内瓦的国际联盟驻中国华南防疫专员、内政部卫生署战时全国医疗防疫总队总队长。淞沪抗战期间，因为李廷安积极抗战的言论、行为，被日本人列为暗杀对象，暗杀情报被国民党情报机关获悉。一天晚上，国民党派了3名警卫人员和化妆师抵达李家，将李廷安化妆成女士，由警卫员护送乘船离开上海，不久安全抵达香港。抵港后不久，李廷安便离开香港到广州从事卫生防疫工作。

国民政府迁往重庆后，李廷安也于1939年随迁重庆，出任中央大学医学院教授。1942年，受卫生署委任，李廷安在重庆将卫生署战时卫生人员训练所和卫生实验处的部分人员合并，组建以NIH（National Institutes of Health）为蓝本的中央卫生实验院，属国家直属卫生科研机构，院址在歌乐山龙垌湾，李廷安出任第二任院长。1945年，抗日战争胜利，国立中央卫生实验院自重庆迁至首都南京。1950年，中央卫生实验院总院自南京迁至北京，将北平分院并入，组建中央卫生研究院。1956年8月，中央卫生研究院改组为中国医学科学院，这是我国唯一的国家级医学科学学术中心和综合性医学科学研究机构。

在重庆工作期间，日军飞机常常轰炸重庆，生活环境变得十分险恶。1943年，华西大学邀请李廷安担任该校教授并兼任公共卫生系主任、附属医院院长。李廷安上任后，附属医院致力与美国空军医院合作，使医院获得很大发展。当时，美国空军派飞机支援中国抗战，美国空军和李廷安商议，共建中国美军空军医院。美军从美国运来很多先进的医疗设备，医院内还有五六十名美国军医坐镇。因为医疗水平高，当时李宝健曾亲眼目睹蒋介石进入这家医院就医。美军撤退后，将设备全部送给了这家医院。

1945年8月，抗日战争胜利，举国欢庆。可惜，天妒英才，由于常年在公共卫生一线劳累，李廷安被查出身患肠癌，虽经三次手术治疗，仍不见明显好转，且有扩散迹象。他向家人表示，在北京、上海、重庆、成都，他都做了很多造福国人的工作，但在家乡广东工作的时间有限，希望在有生之年为家乡多作一些贡献。

1946年1月，李廷安来到广州，任私立岭南大学医学院院长兼博济医院院长。期间，他利用自己的影响力大力聘请名师。据查，后来中山医学院8位一级教授中有7位来自李廷安任内的岭南大学医学院。在广州，李廷安还得到联合国善后救济总署广东分署的援助，并请求中央卫生署拨款，在广州市惠福西路兴建了广州中央医院，并出任首任院长。不久，李廷安主持将中央医院搬迁至东山，即广东省人民医院现址。新中国成立后，中央医院改称广东省人民医院。故今广东省人民医院院史记载李廷安为该院创办人、首任院长。

1948年5月6日，李廷安在广州病逝，年仅50岁。

李廷安一生著述颇丰，著有《中国农村卫生问题》、《国力与健康》、《中外医学史概论》、《公共卫生学》等。其中《公共卫生学》全书达百万字，未及出版，其家属于1950年将其送中南区卫生部保存，以供研究。

李廷安的一生是热爱祖国和公共卫生医学事业的一生。他身体力行，为振兴中华，为消除西方强加于中国人民头上"东亚病夫"的可耻的帽子尽了自己最大和最后的努力。李宝健亲眼见到父亲躺在病床上召开三间医院负责人会议、重病时还在坚持撰写著作的情景。这一切，对于李宝健形成"为中国之崛起奋斗终生"的人生观具有重要的影响。

母亲王淑贤，1905年出生于河北象山，其父亲是一名基督教卫理公会会督、爱国传教士。王淑贤在南开大学读书时，与李廷安相识并喜结连理。结婚后，王淑贤在致力于做一名贤妻良母的同时，还在北京慕贞女中任教。李廷安病逝

第一章 家世与求学

后，王淑贤一直尽力抚养三个孩子成才。考虑到李廷安教授的贡献及王淑贤的特长，岭南大学聘任其为学校钢琴教师，并管理当时岭南大学公有的几台钢琴。小礼堂就曾放置有一架钢琴，王淑贤常常到那里弹琴执教。岭南大学与中山大学合并后，中山大学的公有钢琴也由她负责管理。

母亲王淑贤，摄于 20 世纪 30 年代

曾任星海音乐学院钢琴系教授的李念慈女士在20世纪50年代因为学习钢琴时学费昂贵，只能"无师自通"地摸索练琴，即便如此，学业仍难以为继。正欲中断学业的时候，幸遇恩师王淑贤女士，王淑贤慈母般无私地接纳了李念慈，教导她学琴，教育她为人，李念慈在此后数十年时间里始终对恩师的教诲非常感激。

王淑贤在教育三个孩子的同时，还努力靠着教钢琴和管钢琴的一点微薄收入补贴家用。

在兄弟三人中，李宝健排行第二。哥哥李宝善，曾任中央人民广播电台副总工程师，著有《声频测量》、《高保真放声技术》、《立体声应用技术》等6部专著，是我国著名的声学专家，后来赴美国工作和生活。弟弟李宝良，曾任北京右安门传染病医院医师，后来也赴美国，退休前一直在纽约罗斯福医院工作。

李宝健有一个十分幸福美满的家庭，夫人胡蕲慧于中山大学化学系毕业后，先后在华南农学院、中山大学长期担任有机化学、生物化学等基础课的主讲教师，退休前任中山大学化学系副教授。她是一位贤妻良母，包揽了大部分家务及教育子女的工作，保证李宝健能全心全意地投入到工作中去。夫妻二人相濡以沫，五十余年风雨相伴，至今恩爱如初。李宝健能取得今天的成就，与夫人胡蕲慧相夫教子、鼎力相助息息相关。

1953年8月，青春靓丽的胡蕲慧

1957年，在北京与胡蕲慧结婚时幸福合影

1957年新婚燕尔，与夫人胡蕲慧爬上北京香山峰顶鬼见愁

第一章　家世与求学

1985年，与儿子李坤摄于美国康奈尔大学住家门口

李宝健全家福，摄于上世纪80年代

1993年8月，全家人为李宝健庆祝60岁生日

1995年的一个晚上，与夫人胡蕲慧一起在家中备课

与夫人胡蕲慧一起在家中弹琴、唱歌

1999年，在访问香港期间，与夫人胡蕲慧合影

第一章 家世与求学

2001年,访问美国期间,与夫人胡蕲慧(右二)、女儿李青(左二)和老同学麦禧祥夫妇(左一、右一)摄于尼亚加拉大瀑布,天上刚好有彩虹

李宝健与胡蕲慧相濡以沫50多年,摄于2007年

2007年,李宝健与胡蕲慧金婚庆祝会在广州南园酒家举行。图为全家人合影

1963年，女儿李青出生在广州。1970年，儿子李坤也在广州呱呱落地。姐弟的出生给李宝健夫妇带来无穷无尽的天伦之乐。李青在中山大学化学系毕业后前往美国留学，在美国获得化学硕士学位和MBA，先后在美国多家企业担任工程师及经理等工作。李坤在美国大学毕业后一直在金融界工作，现任职于德克萨斯州达拉斯市花旗银行，曾任该行副总裁。李坤与陈珊珊女士结婚后，有两个十分可爱的女儿：李西怡、李忻悦。儿孙们都十分孝敬和关心李宝健夫妇的生活和健康，每逢重要的家庭节日，包括李宝健夫妇的寿诞、结婚庆典等，李青和李坤都会尽力阖家飞回国内，与二老团聚，共感温暖，共享幸福。

在美国弗罗里达州立大学读书时的李青

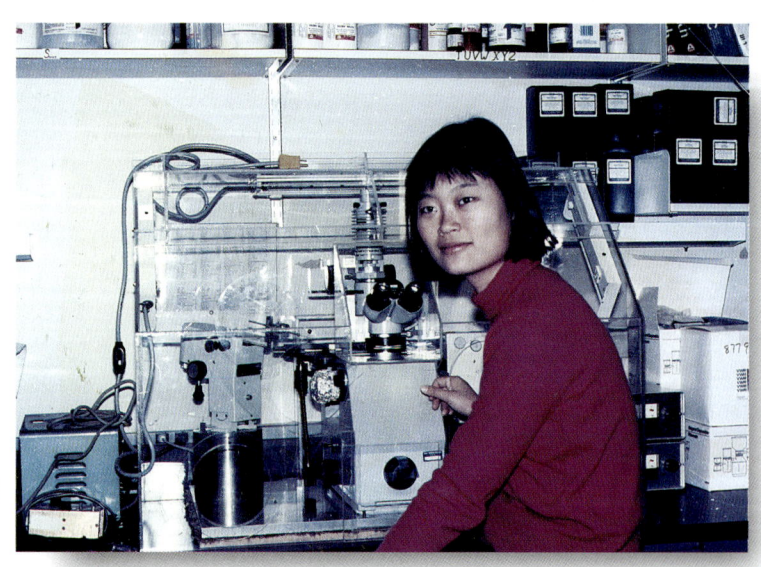

李青在美国留影

第一章 家世与求学

李青在美国接待许智宏教授（右一）和父亲（左二）一行

李坤全家福

两个活泼可爱的孙女

第二节 求学求索

一、颠沛童年

1933年8月29日,李宝健出生于上海。由于父亲身居上海市卫生局局长要职,家境较为殷实,加之母亲是一位仁慈的传道士的女儿,父母从小便给予李宝健良好的家庭教育。

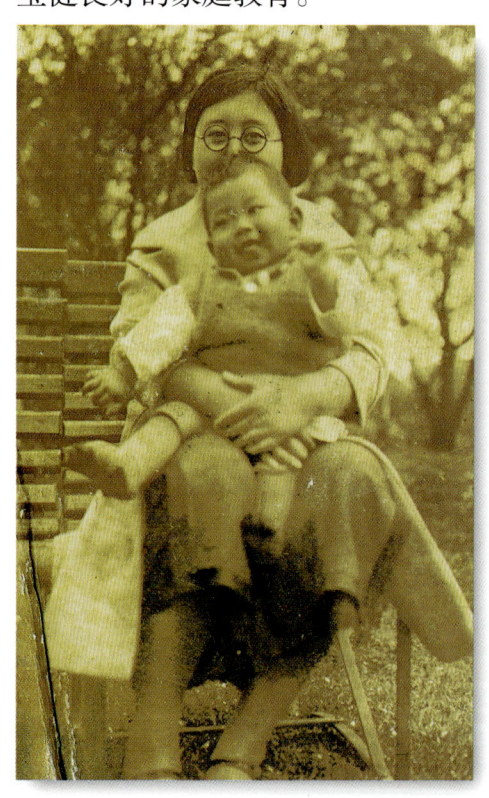

1933年,4个月大时的李宝健与母亲摄于上海

淞沪会战爆发后,父亲李廷安因为支持抗战被日军列为暗杀对象,被迫远走香港。父亲离沪后,一家人匆忙搬迁到霞飞路法租界避难,这一年,李宝健年仅4岁。从此,在李宝健的记忆中,家有保姆、花工等养尊处优的生活一去不复返。在法租界寄居篱下,李宝健亲眼目睹了国人因国力羸弱所受到的欺辱。

父亲李廷安抵达香港后不久,母亲接到父亲来信,希望她带李宝健等三个孩子前往香港团聚。在国民党警卫人员的护送下,李宝健和兄弟、母亲一起乘船安全抵港。到了香港,一家人在九龙租了一套房子安顿下来,一住就是两年多。

家人抵达香港后,并没有在第一时间见到李廷安。李廷安先期避难香港,还未来得及休整,就被国民政府安排到广州进行华南地区的卫生防疫工作,担任华南防疫大队队长。家人从沪抵港后,李廷安可以偶尔抽出时间来往穗港两地,每次与家人团聚的时间虽然短暂,但幸福快乐。

在广州待了两年多后,根据国民政府的安排,李廷安先后赴重庆、成都等地工作。

在香港住了两年多,李宝健已经到了就学的年龄。正在谋划去哪所学校读书时,战局变得越来越紧张,日军已在计划攻打香港。父亲从成都传来急信,请母亲想办法将家人转往四川。一家人收拾一点盘缠细软后,就开始了紧张的

第一章 家世与求学

逃亡。当时，从香港经过广东走内陆的逃亡路线已被日军封锁。父母商议后，决定先到越南海防，从海防乘坐火车到云南昆明。抵达昆明后，住在表姐夫余瑞璜家（曾获得诺贝尔物理学奖的杨振宁当时就住在余瑞璜的隔壁）。余瑞璜是西南联大的教授，新中国成立后成为中国科学院院士。

在昆明进行简单休整后，在母亲的带领下，一家人又经历千辛万苦，辗转至成都，与父亲团聚。

在父亲的安排下，李宝健入读成都华西坝小学，在当时，这是一所非常有名的小学，在小学就读的学生中，90%以上的孩子是从全国各地移迁至成都的各著名大学教授的子女。经历了艰辛的逃难后，李宝健深感读书机会的难得，在校学习努力认真，几乎每年考试都是班上第一名。有一次，考试后只拿到第二名，李宝健回到家用被子盖住脑袋，愧于见父母。那时，学校经常组织一些演讲比赛等活动，读四年级时，李宝健在全校儿童节演讲比赛中，以健康为主题的演讲夺冠，因此获得了在抗日战争期间中国仅有的两个广播电台之一的成都市广播电台做广播演讲的资格。当年李宝健年仅11岁，使已功成名就的父亲也为儿子感到自豪。

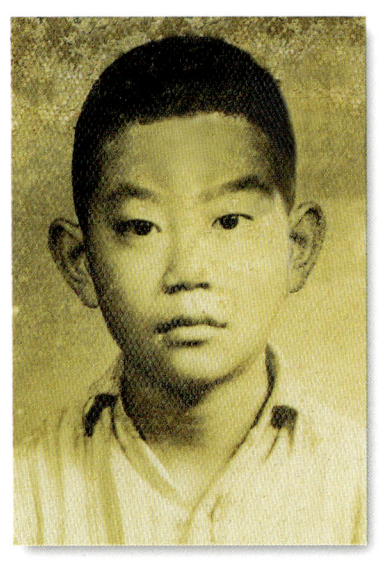

10岁时的李宝健，摄于成都

二、中学时代

1946年1月，李宝健随父母回到广州，入读私立岭南大学附属中学，直至1951年高中毕业。

私立岭南大学附中是父亲李廷安的母校。前身是格致书院备学部，父亲在读时，附中自行拟定学制，不遵照当年中华民国的学制规定。在1926年遵照中华民国的学制规定后，附中依然在课程设置上有自己的特色，尤其在英文教育方面。李宝健就读期间，岭南大学附中有一支非常优秀的师资队伍，如数学老师李蔚馨、中文老师陈复蔚等。优异的教学条件让学生们受到良好的训练，打下了坚实的基础。附中强调德智体全面发展，尤其注重体育运动，使学生有健康的体魄，李宝健几十年坚持且至今仍喜好的游泳运动，就是在那时打下的基础。

中学期间，同学们十分团结友爱，李宝健所在的年级组成了爝社。爝社社名取于屠格涅夫的诗作："人生，就像在这种险恶的河流中航行，爝火还离得远呢！但是，总在前面，一橹一橹地摇上去，总有到的时候。"爔社学子毕业后，许多人事业有成，社团活动一直保持到现在，至今已经组织了数次全球聚会，有的社友参加聚会时已经年愈80岁。爔社成员在关键时刻给了李宝健很大帮助，包括李克权、杨棣伟、曾富华、高绍良等同学。1991年，李宝健因在医院输血时受到感染而患重病，治疗这种病的特效药物只有在国外才能买到，杨棣伟等同学得知此事后，立即采取行动，在美国订购特种干扰素后空运至香港，并托人专程送药到病房，用药及时使李宝健得以获救。

李宝健任中山大学生物工程研究中心主任时，曾为中心购买了一些价值昂贵的先进科研仪器设备，然而事前上级领导批准的资金一时无法到位，卖设备的公司代表入住中山大学，变成李宝健的影子，寸步不离地催交欠款。正当李宝健焦头烂额时，爔社同学曾富华代付了全部欠款，解决了燃眉之急。

1948年，由于深感国民党统治的黑暗和腐败，渴望祖国重新强大繁荣，李宝健积极追求进步，在地下党和地下学联蔡贤书、王屏山、刘立道等多位同志的帮助和教育下，他开始阅读革命书籍和参加进步活动。广州解放前夕，中共地下党组织了藏枪行动，以准备反击广州解放时国民党特务破坏岭南大学的阴谋活动。他们认为李宝健家是著名教授之家，藏枪李家比较安全。为共产党藏枪的举动在当时非常危险，如果暴露会使全家遭受灭顶之灾，但是为了迎接解放，在母亲的大力支持下，李宝健和哥哥李宝善顺利完成了任务。在风雨交加的夜半更深时，地下党派人将枪支送到李家，并藏好，一直到解放后才取走。

1949年10月14日晚上，解放军先头部队进入广州。新政府开始接管这座南中国的重要城市。15日上午9时左右，解放军派一个连的兵力来保护岭南大学校园，李宝健参加了说服校警打开南校门欢迎解放军进校的行动。当天，李宝健还被王屏山同志推荐做解放军首长的翻译（广东话与普通话），参加了在广州市内清剿国民党残余势力的斗争。16日，五星红旗首次在岭南大学的校园里高高飘扬，李宝健为能亲身参与广州解放而感到无比自豪。

1950年1月，在广州市市长叶剑英的亲自监督下，17岁的李宝健作为广东省第一批参加中国新民主主义青年团（后改称中国共产主义青年团）的团员在广州宣誓入团，并以其积极的表现担任岭南大学附中团支部书记，直到中学毕业。

李宝健受到过良好的家庭教育，父亲李廷安教授病危时仍然努力为中国的公共卫生事业和医学事业艰辛工作，父亲忠心报国的言行举止让他铭记终生。从15岁开始，李宝健就接受马列主义和毛泽东思想的教育，经受了革命风雨的洗礼。自此，他已经成为一名忠贞的共产主义者，建立了为祖国强盛而努力奋斗的世界观和人生观。

第一章　家世与求学

1949年12月3日,岭南大学附中爝社与协和女中凯社联欢合影

李宝健手持爝社旗帜与岭南大学校长钟荣光铜像合影

1986年，在纪念岭南大学创校100周年大会上，李宝健（前排手持爝社旗帜者）与爝社同学及家属合影

三、大学时代

1951年7月，因为对生物体内的遗传现象特别感兴趣，李宝健报考了岭南大学生物系并被录取。

岭南大学生物系肇始于1917年。岭南大学文理学院成立后，分设有植物学系和动物学系。1928年文理学院学系设置进行调整，植物学系和动物学系合并为生物学系。1930年至1931年，岭南大学成立专门委员会研究各学系开设研究所课程的可能性，当时生物学系及自然植物采集所被定为重点发展对象。1931年，生物学系研究部开始招收研究生。1934年，岭南大学首次授予生理学（生物学）硕士学位。1938年，岭南大学文理学院实行文、理分家，生物学系归属于理工学院。同年10月，日军侵占广州前，生物学系随岭南大学迁移到香港办学。1941年香港失陷后，生物学系随理工学院的其他学术机构

入读岭南大学一年级时留影

一起转移到南昌，借读于国立中正大学。1945年9月至10月，生物学系返回广州康乐园，继续办学，直至1952年与中山大学生物学系合并。著名昆虫学家W. E. Hoffman（贺辅民）教授等人曾担任生物学系主任。

岭南大学生物系位于陆达理堂，又称史达理纪念堂、科学馆、西院（与东院马丁堂相对应），即今中山大学的旧化学楼。陆达理堂于1925年动工修建，1928年10月19日落成，总建筑面积为3863平方米，用款25万元，为美国陆达理夫人及洛克菲勒基金会所捐。建成后为理科学院所用，一楼为物理学系、数学系，二楼为化学系，三楼为生物系，四楼是植物标本室，地下室为储藏室。抗日战争期间，为保证在敌机空袭时能正常上课，地下室被改为临时课室。李宝健的大学四年

1952年，摄于自家的小花园门口（位于今中山大学东南区）

学习生涯就是在这座楼宇内度过的。

1952年，院系调整后，岭南大学生物系与中山大学生物系、广东文理学院生物系合并，组建新的中山大学生物系。当时，生物系只有二三十位学生，但是拥有多位学识渊博的老师，如吴印禅教授、于志忱教授、戴笠（戴辛皆）教授等，他们都亲自为学生上课。张宏达老师还带李宝健等同学去鼎湖山实习。学生虽然少，但是大家在课后经常组织各种文娱体育活动，学习生活氛围十分融洽。院系合并前，李宝健居住在家里，合并后，根据生物系建议，他搬到了学生宿舍与同学们一起居住，当时学生宿舍借用岭南大学附中第三宿舍，即现在的中山大学南校区法学院大楼。第三宿舍于1912年落成，由薛百、黄祝求等

1955年，摄于中山大学北门码头，胸前戴着校徽

1955年，李宝健（前排右二）与生物学系同学在中山大学惺亭合影

第一章　家世与求学

陆达理堂,也称为科学馆、西院(与东院马丁堂相对),由美国陆达理夫人和洛克菲勒基金会共同捐建,1928年落成。李宝健在岭南大学读本科时生物学系所在地

岭南大学附中第三宿舍,李宝健读大学时所住的宿舍,现为法学院办公楼

1952年,李宝健(后排左四)与中山大学生物学系师生在惺亭前合影(前排左三为生物学系戴笠(戴辛皆)主任,左四为吴印禅教授,左五为江静波老师)

1956年，大学毕业后，与母亲、弟弟李宝良（左）摄于家中

22人及安良总商会和纽约耶教联会捐赠。

大学期间，李宝健品学兼优，积极参加社会活动，初入岭南大学生物系时，曾担任校团总支文化委员、校学生会宣传部长。并校后，担任校学生会副主席、校团委军体部部长。在于志忱教授的指导下，他与伍辉民、何道泉、陈艺林合作撰写的论文《梅县光头小麦阶段发育的分析》是当年生物学系唯一一篇被刊登于《中山大学学报》（1955，3：35-44），同时被推荐至广东省主办的有关学术会议上报告并获得积极好评的本科生论文。

1955年8月，李宝健以优异的成绩和良好的表现被留校工作，担任生物学系助教。经过努力争取，并在黄溢明的介绍下，他于1956年成为一名光荣的中国共产党党员。之后，他一直以一名优秀共产党员的标准严格要求自己。

四、留学时光

1956年9月，李宝健被中山大学派送至苏联留学。当时，赴苏留学需要经过全国严格考试和激烈的竞争，能被选上是十分不容易的。10月，李宝健被派往北京外国语学院留苏预备部学习俄文。在北

留苏期间，摄于列宁格勒夏宫

1957年，摄于天安门前

第一章　家世与求学

1958年2月摄于苏联的学生照

京外国语学院，李宝健被分配到45班，并被推举为班长。经过一年十分艰苦的俄文学习，他顺利通过考试，完成了留苏前的准备工作，准备赴苏联留学。

1957年夏，在即将赴苏留学前，李宝健和胡蕲慧结束恋爱长跑，在北京喜结良缘。古人云，人生的两件大事"金榜题名时"和"洞房花烛夜"，李宝健在24岁前都已经完成了，不过对于他来说，未来生活的道路依然漫长。

11月上旬，李宝健乘坐火车从北京经西伯利亚、贝加尔湖赶赴莫斯科，同车厢的留苏人员还有李德伦、韩中杰、吴旻等人，前两位后来分别成为中央乐团和上海乐团的指挥，吴旻则以其在肿瘤遗传学方面的贡献成为中国科学院院士。14日，李宝健等人抵达苏联首都莫斯科。当时，苏联是社会主义国家的老大哥，莫斯科对于这些执著追求共产主义理想的热血青年来说，就像当年一名胸怀解放民族理想的抗战青年到了革命圣地延安一样，激动、兴奋……，尤其在11月17日，李宝健和全体在莫斯科的中国留学生受到毛主席等党和国家领导人的接见。

11月18日，李宝健去拜访李森科院士，李森科当时是苏联科学界的大红人，"我是否应该跟他学习呢？"李宝健心里一直在犹豫。虽然李森科院士在与李宝健面谈后，表示愿意接收李宝健做他的研究生，李宝健对李森科院士也深表感谢，但在参观了李森科的实验室和了解了他的学术思路后，李宝健认为李森科学派没有前途，因此，他最后决定去国立列宁格勒大学（现圣彼得堡国立大学）遗传教研室马卡罗夫（П. В. Макáров）院士的实验室，应用细胞化学的方法研究极其复杂的遗传物质，从而可以进一步了解神秘的遗传现象。李宝健后来在总结经验时告诉后人："选择正确的学习方向、研究方向，对人生发展十分重要。当时，如果我选择了李森科院士的研究方向，结局将不堪回首。"

当时苏联高校对传统的遗传学研究还有争论，但基本上已摆脱了斯大林时期的哲学替代科学的不良学风，可以自由地进行研究。20世纪50年代是遗传学发展突飞猛进的时代，1953年，美国分子生物学家沃森和英国分子生物学家克里克提出DNA的双螺旋结构模型，苏联也开始启动在分子水平进行DNA的研究。马卡罗夫导师给李宝健指派的研究内容是关于细胞分化方面的，但他主动提出要以当时最新技术进行DNA有关课题的研究。经过一再努力，导师最后同

与黄溢明（左）在苏联列宁格勒市郊区留影

1958年7月，李宝健（右一）在苏联列宁格勒市巴甫洛夫公园内与朋友合影，右二为俄文老师

意他在完成原课题任务的基础上，可以开展DNA复制的研究。这段期间，李宝健每天日以继夜地加班工作来完成导师交给的任务以及准备新课题的研究。他放弃了苏联共青团中央提供的暑假疗养的奖励（10天的伏尔加河之旅）和其他所有的节假日，最终完成了以细胞有丝分裂和减数分裂过程DNA复制为主要内容的研究论文，并在列宁格勒大学的副博士答辩委员会上获得高度评价。为了体现对李宝健等中国留学生研究工作的重视，列宁格勒大学方面专门组织了20多人的答辩委员会，即使通过答辩后，学位审核程序也比较复杂，总之，整个学位申请过程认真、严谨。李宝健藉他的研究生论文《一些被子植物孢子体、

第一章　家世与求学

配子体发生及受精过程的细胞化学的研究》，在国立列宁格勒大学取得遗传学副博士学位，并应邀就研究结果在莫斯科举行的全苏联第一次细胞化学大会上作了报告。苏联方面对任何申请副博士学位的留学人员都有十分严格的要求，一般来说，100个副博士学位的申请，只有60个左右能够获得通过。

在国立列宁格勒大学留学期间，李宝健还积极参加留学生社会工作，担任列城中国留学生会军体委员。

国立列宁格勒大学成立于1724年，是俄罗斯最古老的大学。1991年2月，苏联解体后国立列宁格勒大学改名为圣彼得堡国立大学。圣彼得堡国立大学为人类科技进步作出了重要贡献，诞生了8位诺贝尔奖得主，门捷列夫在此发现了元素周期律，巴甫洛夫、楞次等人都是该校校友或教授，现今俄罗斯总统和总理也是该校毕业生。学校的主楼位于涅瓦河北岸，与冬宫遥相对应，风景十分优美。该大学的遗传教研室位于主楼旁的一座独立楼房内，教研室有优良的学术传统。李宝健师从马卡罗夫院士，时任教研室主任是拉巴索夫教授。教研室全体师生对李宝健等中国留学生都十分友好，给予了他们很多方面的关照。"那时，中苏人民的友谊是十分真诚的。"李宝健深情地回忆这段经历时说。当时，与李宝健成为同学的中国留学生还有胡含、郝水、范云六、黄溢明等人，他们之间终生保持着很好的同学情谊。

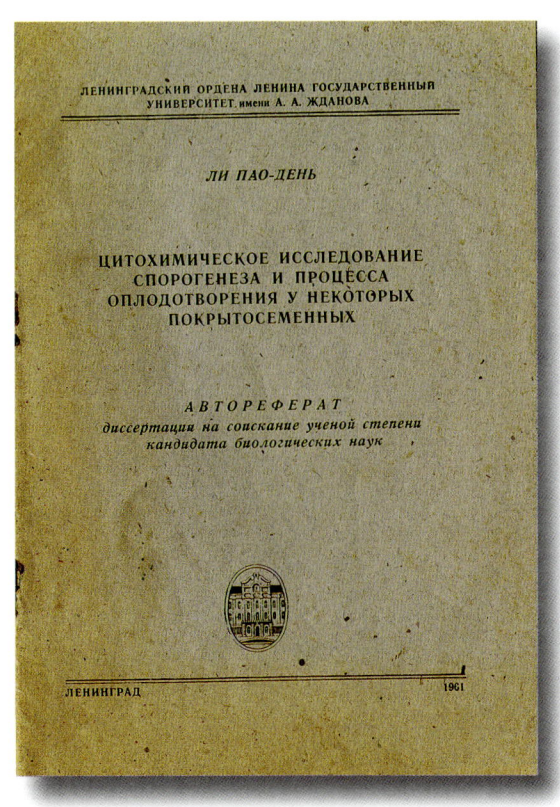

李宝健在苏联留学时的研究生学位论文封面

第二章

工作与贡献

在温室观察实验水稻生长情况

第二章 工作与贡献

第一节 工作历程

一、从苏联返回母校工作

1962年4月，在苏联获得副博士学位后，李宝健回到北京。当时中国生物学总的学术带头人童第周先生随即约他见面，并请他做DNA研究的报告。当他骑自行车到中国科学院礼堂时，发现里面济济一堂，坐满了国内生物学界的著名教授和前辈。当时年近60岁的童先生热情介绍这位28岁学成归来的留学生，并亲自主持了会议。李宝健汇报了应用显微放射自显影技术研究DNA复制等当时世界领先的成果，赢得了生物学界的赞赏。会后，童先生十分希望他能留在北京工作，但在中山大学的强烈要求下，他还是回到了康乐园。

1962年5月，李宝健回到中山大学生物学系。当时，生物学系开设达尔文主义、米丘林遗传学等课程。学校和生物学系领导商议后达成共识，由刚刚回校的李宝健在中山大学首次开设细胞学课程。开设课程，需要有教研室作为支撑平台，但在当时，生物系没有相关的教研室。经李宝健提议，正式成立了中山大学遗传学教研室，由庄豪、李宝健担任正、副主任。根据国际上生物学研究形势，李宝健还向学校提议组建中山大学电子显微镜实验室。学校经过讨论

1962年秋，与夫人胡蕲慧在广州烈士陵园内合影

1962年，与夫人胡蕲慧摄于当时的生物学系所在地哲生堂前

20世纪60年代初，李宝健（右一）与专家在中国科学院南工字楼前合影

后，决定由李宝健负责筹建。他亲自到物理系挑选了张景强、王克来两位优秀的毕业生到正在筹建的电镜室工作，他还参加了电镜室选址、购买及安装生物学系第一台电镜等工作，直至电镜室可以正常运转。

1964年7月，在完成了遗传学教研室和电镜室的组建后，一个学期的细胞学课程的教学工作也刚刚完成，这时组织派人找到李宝健谈话，告知他，自从"反右"开始后，知识分子大批下乡下厂，向工农兵学习，但因为李宝健要赴苏留学，没有机会参加这些活动，因此计划安排他去参加"四清"，地点是广州市新滘公社上桥大队。这是一个以种植果树为主的大队，李宝健还被安排担任上桥大队毛泽东思想宣传工作队副队长。

在当时的背景下，组织的决定是个人不能也不敢拒绝的，李宝健受命前往。没想到，这一去就是一年半的光阴。当时大家的决心很大，虽然离家不远，但是连节假日都泡在了生产队，很少回家。李宝健住在一个贫农家，与全家6口人共同生活。很快，李宝健就和贫下中农建立了感情，每天积极参加生产劳动。在大队里，最艰苦的劳动是捞河泥。李宝健和生产队员们一起，先坐船到河中间，然后跳进河里，用铁铲将河泥铲进铁筒，再将铁筒运到船上，拉到岸上后，河泥被当做肥料，加到果树根部或者甘蔗田里。当时，肥料不足，这是补充肥料最为现实可行的方法。由于河水较深，既危险又肮脏，蔗叶也容易刺伤皮肤，这在当时是又脏又累的活，李宝健常常选择这种活计来做，再加上他虚心向贫下中农学习，很快就和农民打成一片。业余时间，他参加"四清"工作队，队员们按照任务向农民宣传毛泽东思想。在当时的环境下，工作队也执行了一些"极左"的错误做法，如宣传反对农民发家致富等，回想到这点，李

第二章　工作与贡献

宝健常常心感不安。但是，工作队没有组织过"极左"的斗争会、批斗会，这也是常常让他们心感安慰的。到了20世纪90年代后期，李宝健再回到上桥时，过去的贫下中农生活已经大为改善，许多家庭盖起了楼房，这让李宝健感到十分高兴。

二、在"文革"时期

摄于20世纪70年代初

1966年，"文化大革命"开始后，中山大学教学秩序受到严重干扰，学校停课，许多老师被下放到干校劳动。1968年11月，李宝健与蒲蛰龙、于志忱、张宏达、周桢林等生物学系老师被下放到干校。

军宣队、工宣队为了改造"资产阶级"知识分子，选择了最艰苦的地方去"锻炼"高校老师。中山大学的老师们被下放到粤北天堂山去锻炼和改造。天堂山山高路险，而且没有大路可走。冬天，晚上气温常在零下20摄氏度以下，异常寒冷。老师们住在自己用树木、蕉叶、稻草盖的简陋草棚里，寒风穿堂而过，有的老师不得不盖上三层棉被御寒。每当毛主席有最新指示下达，全体老师还要连夜顶风冒雪爬山路去农民家里，向他们宣传毛泽东思想。

艰苦的经历对于从小在大城市里长大的李宝健来说是很好的磨练。普通的农活并不难学，但是挑东西上山这种看似简单的活让他感觉十分困难。山路狭窄崎岖，险峻异常不说，对于挑的东西也要保护好，不能出问题。有一次，工宣队叫李宝健和其他几个人去山脚挑红漆上山，红漆是用来宣传毛泽东思想的，是政治任务，马虎不得。可是，屋漏偏逢连夜雨，李宝健一不小心，将他挑的一缸红漆刮碰到路边的大石头上，缸破漆流，红漆一滴滴洒在路上，回到干校时，他挑的两缸红漆，其中一缸只剩下一点点了。洒了红漆就是没有完成好宣传毛泽东思想的政治任务，李宝健受到工宣队的严厉批评。当时，有人替李宝健说情，说如果有人迷路了，找到"红漆路"就可以找到干校了。

天堂山山高水寒，农民从来不种水稻。经过一段时间的观察后，李宝健建议农民可以尝试一下。由于适合水稻生长的周期很短暂，李宝健和农民们采取了由山下将适合插秧的秧苗引上山顶种植的做法，多次尝试后，天堂山果然成功收获了水稻，成功的喜悦洋溢在大家的脸上。

1973年时的全家福

1976年,李宝健全家与李宝健的姨妈王淑明女士(前排右一)合影

天堂山不但环境艰苦,而且距离中山大学遥远,这给教师们往返干校和学校带来诸多不便。由于国家尝试调整"极左"的教育路线,中山大学高考招生工作在停顿了5年后,也拟开始招生,军宣队、工宣队经过权衡后,决定将位于天堂山的干校迁至距离广州较近的英德。

有近一年的时间,李宝健在英德干校的养猪场工作。当时,工宣队的负责人严肃地交代他:"你是一个修正主义尖子,会养猪吗?你要老老实实,不要怕脏怕臭!"李宝健听后,表示一定要认真做好这件事。为此,他曾搬到养猪场,住进猪舍,连吃饭都在猪舍里进行。他还买了大量养猪方面的书籍,在养猪实践中学习兽医知识,学会了给猪接生及治疗多种猪病。他还根据条件反射原理,买了废铁轨,每逢喂猪食,先敲打串起的铁轨,再喂食。这样,以后工宣队一来检查,只要一敲铁轨,大小猪便会"跑步"回来集合。后来,李宝健一直对养猪很感兴趣。"过去以为猪很脏,其实他们还是很爱干净的。"李宝健回忆说。

1970年底,中山大学的下放老师陆续接到通知返校。李宝健与蒲蛰龙、卢爱平等9位老师第一批被抽调回校。回校后,他带领一批在校学生去韶关微生物制药厂学习。过去,该厂的菌种均从外面引进,但在他的带领下,通过与该厂技术人员合作,应用当时较先进的育种技术育出新品种菌种,投产后,该厂的抗菌素产量增加了20%左右,当时《南方日报》曾用头版头条报导这一"教育革命"的先进成果。

第二章 工作与贡献

1975年，中山大学开始招收工农兵学员，李宝健教授等人在位于广州赤岗的磨碟沙农场办了有几十名农民育种专家参加的二年学制的"农业遗传育种专家培训班"，其中许多学员后来对农业发展作出了贡献，如李克祥曾担任海南省农科院副院长一职。

"文革"后期，李宝健"忙里偷闲"，抓紧时间从事了多项研究工作，为以后走向科学家之路奠定了坚实的基础。他深感近10年来，我国基础研究领域被忽视，因此选择在水稻杂种优势利用中的"三系"（雄性不育系、恢复系及保持系）开展系统研究，包括利用电子显微镜开展细胞水平研究，应用同位素开展水稻"三系"代谢特征研究。经过近3年的努力，其研究论文《作物三系一些生物学特征的研究——关于胞质－胞核遗传因子控制的雄性不育性状发生机理的探讨》发表在1976年出版的《中国科学》上。1978年，第一次全国科学大会筹备组要求各地上报科研成果，中山大学将李宝健等人的"作物三系生物学特征的研究"成果上报，经过激烈竞争，最终获得全国科学大会奖。

三、改革开放，只争朝夕

1978年，改革开放的春风席卷神州大地，李宝健以只争朝夕的精神忘我地投入到工作中。这一年，他与中国科学院遗传研究所胡含等人一起筹建了中国遗传学会，该学会现已拥有1.2万名会员。

1979年3月，经过全国科协主席团批准，中国细胞生物学学会成立。筹备委员会由20人组成，包括贝时璋、庄孝僡、汪堃仁、汪德耀、罗士韦、郑国锠、姚鑫等著名科学家，李宝健名列其中。筹委会第一次会议于7月16日至18日在上海召开，会议由庄孝僡、郑国锠、李宝健等5位专家主持，会议起草了学会会章、建立了组织，做了大量开创性工作。筹委会召开之前，李宝健还被《实验生物学报》选聘为编委。

1980年，国家教委通知李宝健，9月赴联邦德国参加第二届国际细胞生物学大会。李宝健在经过认真准备后，按期抵达北京集中。抵京后得知，一同到德国开会的还有复旦大学谈家桢教授、厦门大学汪德耀教授等人，李宝健是最年轻的代表，才40岁出头。国家教委负责人亲自召开会议，告诉大家："这是'文革'后国家教委第一次派团出国参加学术会议，意义重大，任务艰巨，特别是多位代表年事已高，因此小李（李宝健）除了开会，还要负责照顾好几位老教授，保障好他们的生活起居、交通安全……"抵达柏林后，李宝健认真地做好会议记录、照顾老教授等工作。由于联邦德国过去极少接待来自中国的代表团，会务组忙中出错，在中国代表团报到后举行的升国旗、奏国歌仪式中，将

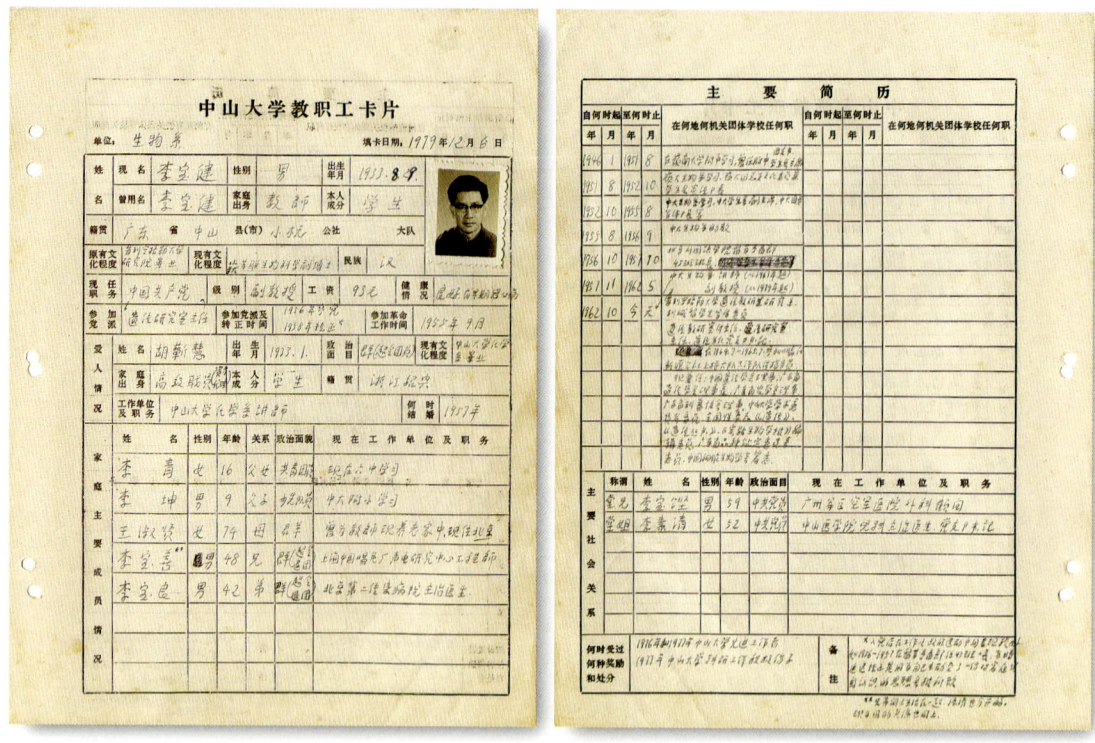

1979年12月6日,李宝健填写的中山大学教职工卡片

中国国旗倒挂。代表团成员深表不满,谈家桢教授请李宝健马上向大会提出抗议。不久,大会会务组即将国旗挂正,并且先后三次向中国代表团表示歉意。会后,中国代表团还参观了欧洲九国联合建立的分子生物学研究所等学术机构。这次会议,让李宝健深切地感受到,在中国发生"文革"的十年间,生物学在西方发达国家已经向生命科学领域迅猛发展,生命科学研究的重点已经进入了分子水平、基因结构和基因功能的研究。

回国后,他及时向国家教委报告了上述情况,并由他执笔写出专文在全国各地宣传推广生命科学的新概念和新趋势,这引起了全国生物学界、农学界、医学界的广泛反响,大大加快了当时中国的生命科学在新时期与国际学界的接轨。李宝健明确地意识到生命科学已进入新时代,如果自己再不奋勇直追,虽然仍可以在中山大学任职,但不可能在新形势下有创新的能力了。后来他选择了从头学起的态度,买回一批现代生命科学书籍研读,并请教比他起步早一两年的国内仅有的几位分子生物学家,系统学习分子生物学的基本实验技术,并建立了分子生物学的小型实验室,开始探索新的研究方向。

第二章　工作与贡献

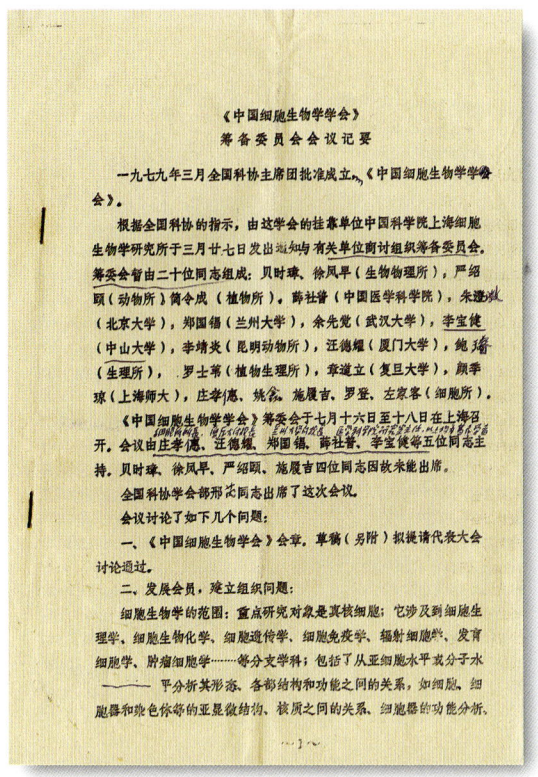

中国细胞生物学学会筹委会会议纪要

李宝健参加第二届国际细胞生物学会议递交的论文

1980年9月，李宝健（右一）与谈家桢（右二）等人参加在柏林召开的第二届国际细胞生物学大会

李宝健（前排左四）参加在台湾举行的学术会议时合影

1982年9月,李宝健(前排左六)出席中山大学1982年度毕业研究生留影

四、康奈尔大学客座教授

1983年,在植物科学领域长期保持国际领先水平的美国康奈尔大学 Boyce Thompson Institute(博伊斯·汤姆森研究所,BTI)邀请李宝健作为客座教授到该所分子遗传研究室工作。当时,生物工程及生物技术研究在国际上处于刚起步阶段,第一篇关于转基因植物烟草的研究论文在1979年才发表。

李宝健抵达BTI后,室主任A. A. Szalay教授交给李宝健的研究课题主要有两个:第一,建立能成功地使大豆细胞再生成株的实验体系,为转基因大豆的成功培育打下基础;第二,试用电激法将外源基因转入植物细胞基因组。第一项课题是当时生物学界公认的难题。A. A. Szalay教授告诉李宝健,大豆是美国栽培面积最大的农作物,急需使用新技术改良品种。多年来,虽经美国、加拿大、德国等国家科学家的努力合作,但仍无法建立大豆的细胞再生技术系统,因此相当一部分参与课题研究的科学家认为:大豆的细胞似乎已经失去了"全能性"。对于这个难题,实验室主任询问李宝健能否解决?李宝健表示,只要经过努力,就有解决的希望,但是解决这一难题需要较长的时间。另外,李宝健敏感地意识到,在植物基因工程研究中试用电激法,也许有希望解决转外源基因到各种植物的难题。当时,公开发表的关于转基因植物研究方面的论文只有一篇,转化技术也比较原始,而且只适用于双子叶植物烟草的基因改良。由于任务关系重大,李宝健感觉到压力重重。

第二章　工作与贡献

1983 年摄于康奈尔大学校园

在 BTI 研究所楼前留影

风景如画的康奈尔大学校园，李宝健在美国时，就曾居住在这条小溪旁

在完成第一项课题的过程中，李宝健尝试对多种大豆及多个组织器官取样及应用多种培养基培养，均没有获得有效结果。后来，他选取了一种中国大豆品种，采取从幼胚中分散的细胞开始培养，结果培养出分化的大豆胚性愈伤组织，将研究进程向前推进了一大步。但是，胚性愈伤组织在培养了很长时间后仍然无法成苗。李宝健再次应用了多种培养方法，最后，将组织一直放在摇瓶中培养，在近一个月的时间里，他都没有去观察。刚好在他生日的那一天，下午3时左右，他把摇瓶打开观察，惊奇地发现瓶内满满地分布着大豆幼苗，试验在两年零三个月的反复尝试和失败后终于成功了！他邀请研究所的领导和权威专家来鉴定，大家都十分高兴地认可了这一试验成果。

摄于美国康奈尔大学 BTI 内

在 BTI 实验室内工作情景

第二章 工作与贡献

1983年，在BTI内与印度朋友合影

与BTI分子遗传研究室同事合影

1984年，与美国著名科学家Carson教授在试验温室内合影

当天，李宝健在实验室内正详细地查阅分析试验的全部记录，专注地总结试验成功的规律，傍晚六时左右，研究所副所长突然来拜访，他说道："李博士，快来这里！"他搂着李宝健，领他到研究所的会客大厅，研究所的同事们都已经到齐了，大家见到李宝健来了，热情地和他拥抱握手，向他表示祝贺！研究所已准备好了茶点套餐，一起庆贺李宝健取得的成功！李宝健内心也感到很激动，他借机离开庆贺现场，给同在康奈尔大学做访问学者的夫人打电话，分享课题成功的喜悦和成就感。委托BTI进行大豆研究任务的美国公司还专门请李宝健到公司总部做学术报告。报告结束后，公司总裁送给李宝健一个亲笔签名的银行支票，给李宝健所在的实验室一笔丰厚的奖金。

此后，李宝健等人还完成了试用电激法将外源基因转入植物细胞基因组的研究工作，这一成果展示了人类可以将外源基因导入单、双子叶多种植物基因组内的技术。之后，李宝健在水稻基因工程研究方面投入了更多的时间，他的工作受到美国洛克菲勒基金会的重视，基金会农业部部长专门邀请李宝健到位于华尔街的基金会总部商谈，计划启动全球性的水稻生物技术研究计划，这与李宝健的心愿不谋而合。

值得一提的是，在康奈尔大学进行研究工作期间，李宝健与美籍华人、著名科学家吴瑞结下深厚的友谊。吴瑞对李宝健的科研工作提供了无私的帮助和支持。

1985年11月，在国家科委工作的徐成满带领5位同志抵达康奈尔大学，找到李宝健，他们详细参观了他所在的实验室，认真了解了他正在开展的工作，代表国家科委恳切地邀请他尽快回国，为祖国的科技发展事业贡献才智。李宝

在BTI人工气候室内观察转基因植物幼苗生长情况

第二章　工作与贡献

健半开玩笑地只问了一个问题:"我回去后,还要不要养猪呀?"引起大家捧腹大笑。徐成满表示,舍不得让你去养猪啦,国家有更重要的任务等着您呢!听了这句话,李宝健马上答应了徐成满的要求。回家后,在家庭会议上,两个孩子对父母报效祖国的赤子之心表示理解,乐意在父母回国后留美继续学习,直到完成学业。李宝健和夫人胡蕲慧商量后,决定夫妻二人回国。回国前,两人把手上的绝大部分美金留给了孩子,并且告诉他们,父母回国后,每个月工资

与美国著名华人生化与分子学专家吴瑞教授在康奈尔大学的办公室讨论问题

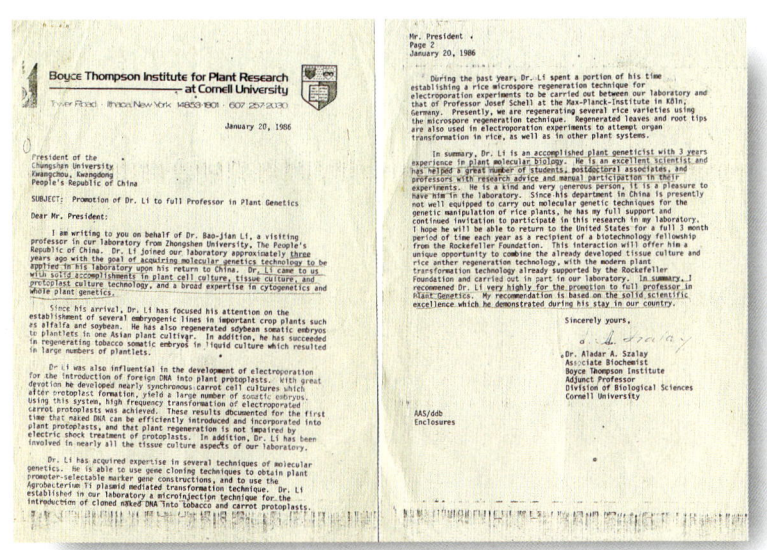

BTI 研究所对李宝健在美工作的鉴定意见

只有几百元人民币，不能支持他们读书，今后要靠半工半读，自己奋斗。从此以后，父母与两个孩子就此分开（儿子李坤年仅15岁），又因子女学成后留美就业，天各一方，十分温馨的团圆家庭只能偶尔在假期短暂相聚。每每提到这里，李宝健的内心都会涌过缕缕思念、丝丝难过。

1985年11月，一家人摄于康奈尔大学的家中

1985年12月，全家摄于康奈尔大学

五、筹建和领导中山大学生物工程研究中心

从康奈尔大学回来不久，李宝健向学校申请筹建中山大学生物工程研究中心。1986年11月13日，中山大学生物工程研究中心成立大会在小礼堂隆重举行，李宝健被任命为中心主任，罗进贤、王珣章、计亮年被任命为中心副主任，这是在我国高校系统成立的第一个生物工程研究中心，同时也是我国华南地区第一个生物工程研究中心。经过中心全体师生的共同努力，至1996年底，该中心已成为我国南方一个初具规模的、能从事现代生命科学新兴领域教学和科研

第二章　工作与贡献

工作的基地。李宝健认为，要使一个学科不断发展和壮大，其关键因素是必需要有一批高水平的学术带头人和良好的科研队伍。中心挑选的带头人（含各研究室的学术带头人）当时都是获得国外博士学位或在国外学习合作研究多年的教授、博士生导师，他们普遍具有较高的学术水平，具有开拓创新的能力（或潜力）。此后，中心陆续引进海外学成归来并有一定学术造诣的研究人员和博士，以及国内培养的具有博士或硕士学位的研究人员。至1989年，中心队伍中有从美国、英国、法国、日本、前苏联以及中国培养的博士或博士后人员达10多人。中心（包括兼职人员在内）20多位研究人员中，具博士或硕士学位的占80%。生物技术是新学科，需要大量年轻人去开拓、去奋斗，因此中心非常注重对青年人的培养，当时中心工作人员的平均年龄仅有30岁左右。李宝健还认为，生命科学技术正处于飞速发展的时代，交叉学科、边缘学科发展潜力巨大，而且这些学科往往又是新科技的突破口，因此当时在中心的研究队伍中，既有生物学专家，又有化学专家、物理学专家、计算生物学专家，在生物学大学科当中既有遗传学专家、细胞生物学专家、生物化学专家、分子生物学专家，又有农学专家、医学专家等人才。

1990年，在李宝健的主持下，在生物工程研究中心的基础上，"植物基因工程国家专业实验室"通过国家教委验收，获准成立，李宝健被任命为首任实验室主任。

此外，中心不断购置最新的仪器设备，至1996年中心已先后争取到国家和地方各级政府以及世界银行贷款项目的支持，购置了液相分析仪、超速离心机等先进仪器设备，仪器设备的固定资产折合人民币已达800多万元，是当时我国南方公认的生物高科技研究基地。

1986年，中山大学生物工程研究中心成立大会在小礼堂举行。图为李宝健致辞

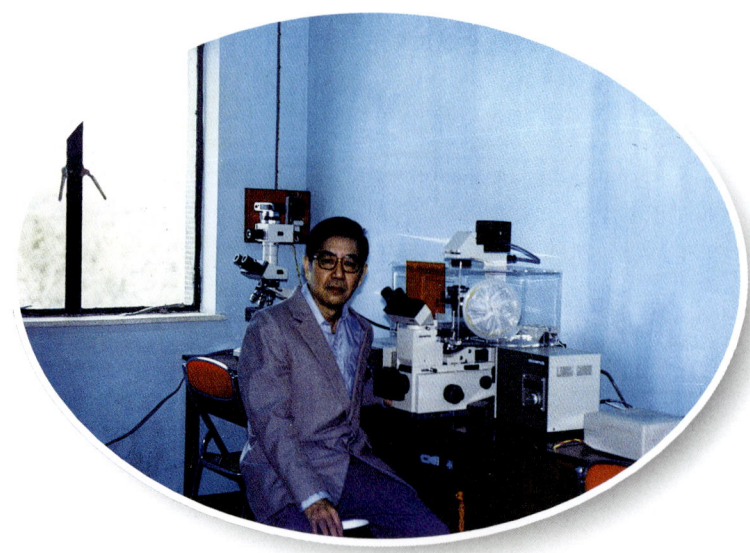

1986年,生物工程研究中心成立之初,李宝健在实验室工作情景

与生物工程研究中心副主任计亮年(右一)一起参加学术活动

向广州市领导汇报生物工程研究中心的科研成果(左一为李宝健、左二为刘昕老师、左三为广州市刘市长、左四为李岳生校长、左五为邹韵霞老师)

第二章 工作与贡献

1988年，赴加拿大参加国际遗传学大会时留影

1995年，李宝健（左）主持广东省遗传学会第五次代表大会暨学术讨论会

2006年11月25日，出席生物工程研究中心成立20周年庆典（前排左八为李宝健）

中心在成立的最初10年间，先后承担并完成了国家高科技"863"项目、国家"七五"攻关项目以及国际合作和省、部和市级项目共39项，还完成了一些自选和横向研究项目。出版专著、合著多部，出版论文专辑1集，发表论文270多篇，这些论文大多数发表在国内核心刊物和国外著名杂志上，包括《中国科学》、PNAS等。中心科研成果先后获得国家教委一等奖、二等奖等省、部级以上科技进步奖8项。屈良鹄、王珣章先后获得人事部授予的"有突出贡献的留学回国人员"称号，计量年被英国皇家化学会授予特许化学家称号并接受为皇家化学会会员（Chart Chem，FRSC）等。

中心十分重视人才培养工作，在成立的前10年内，单独及联合培养博士后研究人员8名、博士生25名、硕士生109名，中心人员还为本科生开设多门课程，指导校内外本科生毕业论文30多篇。

正因为成立10年内的优异表现，中心受到省内外和国际学术界的高度重视，广东省政府委托中心主持"广东省生物工程协作组"工作，后来又委托中心主持筹建国家科委关注的"华南生物科学与技术研究中心"等。1996年，中心副主任计量年教授担任"第五届欧亚化学大会"组织委员会主席。美国洛氏基金会也曾委托中心主任李宝健教授主持水稻生物技术年会。美国学者H. Hames等在《中国的生物技术》一书中评论中山大学生物工程研究中心，认为："这是一个非常协调的包括多个学科的生物学家、化学家、物理学家和工程师组成的中心，这是一个新的、有能量的中心，具有迅速发展的潜力。"

和袁隆平院士合作研究杂交水稻是生物工程研究中心的一个亮点工作。多

在华南生物科学与技术中心成立大会上致辞（右一为中山大学党委书记张幼峰）

第二章　工作与贡献

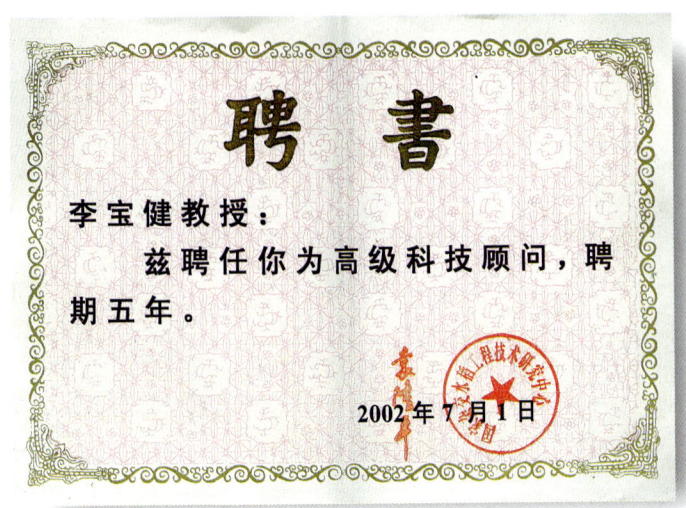

2002年7月1日，李宝健被国家杂交水稻工程技术研究中心聘任为高级科技顾问

　　年来，李宝健和袁隆平院士像走亲戚一样，往来于长沙和广州之间，共同为杂交水稻研究精心谋划、倾力合作，取得了不少研究成果。李宝健还被袁隆平院士领衔的国家杂交水稻研究中心聘任为高级科技顾问。

　　李宝健作为中心主任，尽量为发挥中心师生员工的积极性创造各种条件，依托全体人员的努力使中心成为华南地区生命科学研究领军单位。在他退居二线后，中心在第二任主任屈良鹄教授的领导下，励精图治，2000年8月经教育部批准，在中心现有条件和人员的基础上，设立"基因工程教育部重点实验室"，成为我国在南方基因工程研究的重镇。20年来，在李宝健和屈良鹄等人领导的课题组的努力下，生物工程研究中心多次被中山大学评为优秀科研单位，在细胞工程、基因工程和生物医药等领域捷报频传，先后取得多项国际、国家、省部级科研项目和创新性科研成果。经国家一级科技查新单位审查，仅李宝健领导的课题组所取得的被正式认定为国内外相关研究的领先成果就包括"大豆体胚发生和再生成苗技术"、"应用电激法将外源基因导入植物的研究"、"单子叶植物最适合的外源基因细胞受体系统研究"、"获得多种单、双子叶转基因植物"、"应用农杆菌介导将外源基因导入水稻和小麦细胞的研究"、"抗病毒病转基因木瓜研究"、"黑优粘系列高产、高营养黑米的培育和大面积推广"、"灵健二号：新灵芝高产、优质品种的育成"、"应用近代大规模发酵法生产灵芝的研究"、"应用基因工程技术培育出新型人组织型纤溶酶激活剂（tPA）突变体的研究"等。上述多项成果都是国内外较为关注且具有重要意义的科研难题。

与袁隆平院士（左）合影

李宝健（右二）在国家杂交水稻研究中心与袁隆平院士（中）及助手合影

与袁隆平院士（右）在全国杂交水稻研究中心讨论学术合作

第二章　工作与贡献

李宝健（右二）与在广州讲学时的袁隆平院士（左二）在一起（右一为许新萍）

与生物工程研究中心全体人员到珠海市游览（第二排左六为李宝健学生、原珠海市农业局局长杨德章，左七为李宝健，左八为计亮年教授）

1992年，参加全国植物原生质体和基因工程学术讨论会

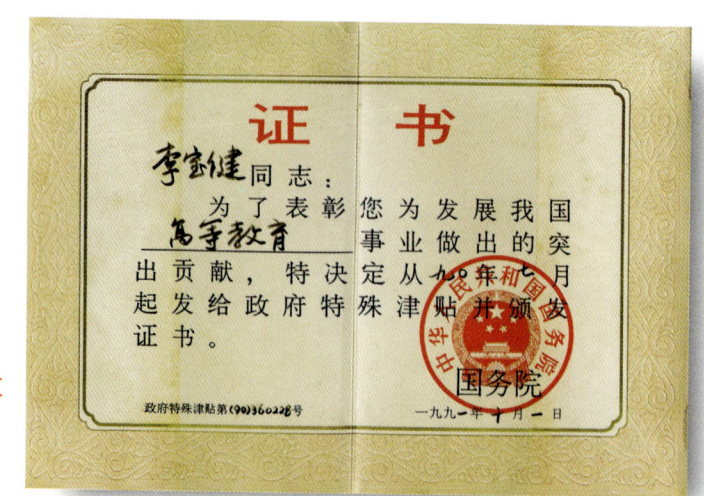

1990年7月起，被国务院发给政府特殊津贴的证书

1994年，参加中山大学七十周年校庆活动时与嘉宾合影

2000年10月15日，李宝健（前排右五）与出席首届逸仙生命科学论坛报告会的主讲嘉宾、诺贝尔奖得主Ferid Murad（前排右六）等人合影

第二章　工作与贡献

在田间观察转基因水稻种植情况

2010年，生物工程研究中心为李宝健荣获国家科技进步奖二等奖举行庆祝座谈会（右一为中心主任屈良鹄、左一为胡蕲慧）

六、中山大学和广东省研究生教育工作

1985年，当李宝健还在美国康奈尔大学之际，他先后收到中山大学校长李岳生教授的三封信，除希望他回校工作外，还要求他专门学习了解关于美国研究生教育等问题。李宝健受托先后到康奈尔大学研究生院对研究生院建制和行政结构，研究生院对全校研究生导师和研究生管理的办法、体制与经验，培养优秀研究生的事例与经验以及博士后的体制等问题进行了非常具体的考查和学习。

在研究生院留影，背景有费孝通和吴阶平先生为中山大学研究生院的题词

在中山大学研究生院亲密合作的三位同事黄茂春（左立者）、李宝健（右立者）、黄天骥（坐者）合影

1993年11月18日，李宝健（前排左四）与曾宪梓奖学金获得者合影

第二章 工作与贡献

1994年春，在江门召开中山大学第五次研究生工作会议。图为与会人员合影（前排左七为李宝健）

1998年，与张宏达教授（前排右一）一起出席全校研究生毕业典礼

　　回国后，1986年6月，李宝健受命出任筹建中的中山大学研究生院副院长，协助院长李岳生教授做好研究生教育工作。由于众所周知的原因，中国的研究生教育已停止了20多年，因此当时许多水平很高的学术带头人也未接受过正式的研究生教育。李宝健凭自己早期在苏联受过的严格研究生教育训练、在美国参加研究生教育的工作，再经过较系统地对美国研究生教育的考察调研，认真负责地协助李岳生校长工作。在李宝健和研究生院黄茂春、黄天骥副院长及几位处长的共同努力下，终于完成了中山大学研究生院的申报工作。中山大学是我国华南地区第一个正式获准成立研究生院的大学。当他们捧回国家教委正式授予的"中山大学研究生院"的牌匾后，学校为此感到十分自豪。

　　此后，由李宝健等人牵头成立了"广东省研究生教育协会"，通过这个协会向全省高等院校传播及交流培养研究生的体制、方式方法及经验教训。在此基础上,中山大学还推动建立了"广东省博士后联谊会",以促进博士后研究工作的健康发展,李宝健先后受聘出任首任"广东省研究生教育协会"和"广东省博士后联谊会"理事长和会长,为推动广东省的高层次人才培养作出了重要贡献。

退休以后,李宝健依然继续关心和支持研究生教育工作,多次出席与研究生教育相关的活动,包括研究生教育论坛、研究生毕业论文答辩、研究生毕业典礼等活动,为推进和完善研究生教育献计献策。

七、出任中山大学副校长

1991年4月26日,国家教委党组书记、副主任何东昌在怀士堂宣布中山大学新一届党政领导任命决定,李宝健被任命为中山大学副校长兼研究生院院长。

1994年11月,与曾汉民校长(左站立者)一起主持中山大学成立七十周年宴会

李宝健(左七)与其他学校领导参加工作会议后合影

第二章 工作与贡献

同日，中共广东省委决定，李宝健同志任中共中山大学党委常委。

除分管研究生院的工作外，李宝健还主管外事等工作。当时，国门开放不久，交通不畅，许多外宾要途经香港、广州，才能前往北京。在途经广州时，常常会安排到中山大学访问。李宝健敏锐地注意到这一点，重点加强了外事处建设，与外宾交流时，尽可能给外宾以宾至如归的感觉，因此，他主管的外事工作受到上级领导的充分肯定。有一次，接待首次访华的以色列总理，对这次接待，上级有严格、明确的规定，但在李宝健对总理先生表示欢迎后，主动和总理先生提起，自己在美国做访问学者时，结交了不少在美国工作和生活的朋友，不知何故，其中有多位是以色列人。他们探讨的结果是，中以都有深厚的东方文化积淀，更为重要的是，中以人民，特别是在"二战"时期都是受压迫最深的民族，因此大家相互同情和支持。李宝健明确表示，他十分希望以色列与周边国家保持良好关系，这样才可以创造一个良好的和平环境，以色列方面表示理解。大家在亲切友好交谈后，愉快地结束了这次见面。

1994年，在生命科学学院举行的庆祝建校七十周年的学术报告会上，李宝健报告他的课题组在植物基因工程方面取得的成果

在台湾参加学术交流活动

李宝健（左一）与海外华人华侨在一起

李宝健（右二）出国访问期间与美国友人在一起

李宝健（左）在伦敦与友人一起出席活动后餐叙时合影

第二章 工作与贡献

李宝健（左）与许智宏（中）、罗达（右）在英国莎士比亚故居前合影

1991年5月11日下午，接待索马里共和国总统（右）

1992年，李宝健（右）接待美国朋友

1993年,中国—欧共体转基因植物及其释放学术研讨会召开,图为李宝健作为大会中方主持人之一做学术报告

1993年,在泰国清迈市参加国际学术会议后,在曼谷市与同学高绍樑(左)合影

李宝健(中)应邀参加计亮年教授(右)主持的国际无机化学学术会议并致辞

第二章 工作与贡献

1994年1月5日，李宝健主持熊德龙学生活动中心揭幕典礼

李宝健（右）在中山大学接待德国贵宾

1997年4月，李宝健赴美参加美国华人医药生物协会成立大会后，摄于樱花盛开的华盛顿

与美国著名华裔生物学家吴瑞教授（左）、香港科技大学副校长孔宪铎教授（中）在一起

在聘请著名华裔生物学家吴瑞（左三）为中山大学兼职教授仪式上合影

1995年6月，参加由国际原子能研究中心在维也纳主持召开的"理化因子对生物细胞及基因作用规律研讨会"，在维也纳皇宫前留影

第二章　工作与贡献

李宝健在参加完国际原子能研究中心主持召开的学术会议后，与女儿李青（左二）在奥地利维也纳街头留影

1998年11月，李宝健在中山大学接待荷兰高级代表团

参加国际学术会议时与专家在一起讨论

在台湾参加"海峡两岸生命科学学术研讨会"期间,中央研究院院长吴大猷(中)向大陆学者赠送锦旗(左为李宝健,右为翟中和)

李宝健(前排右三)出席海峡两岸学术报告会

作为一名遗传学家,李宝健和国际遗传学界多位遗传学家有着密切联系,建立了深厚的友谊。1988年8月20日至27日,他和李振声等人一起赴加拿大多伦多参加第十六届国际遗传学大会。1993年8月15日至21日,第十七届国际遗传学大会在英国伯明翰举行。在闭幕式上,大会主席赖利(R. Riley)教授宣布,经国际遗传学会联合会投票表决,决定1998年第十八届国际遗传学大会(ICG)将在北京召开,并向大会介绍了第十八届大会主席李振声(中国遗传学会理事长、中国科学院遗传研究所研究员、中国科学院院士)、秘书长李宝健(中山大学教授、副校长)。李宝健感慨地说:"这是中国遗传学会在以谈家桢为首的几代遗传学家努力争取的结果,这对于推动遗传学在中国的发展有很大的帮助作用。"李宝健也为争取国际遗传学大会在中国的召开作出了应有的贡献。

第二章 工作与贡献

出席在英国举行的国际遗传学大会（主席台左一为李振声院士、左二为李宝健）

1993年8月，李宝健在第17届国际遗传学大会上发言

在英国参加第17届国际遗传学大会期间，伦敦的华人华侨代表设宴欢迎李宝健（右立者）

在参加国际遗传学大会期间，摄于伦敦大本钟前

2002年，李宝健应邀在澳门做近代生命科学发展的学术报告

李宝健在外事和港澳台工作方面注重感情投入，以工作为平台，以感情为媒介，为中山大学结交了很多朋友，许多人至今仍与他和母校保持着密切联系。其中，与曾宪梓先生保持友谊就是一个例子。

2006年春，在香港曾宪梓家中与曾宪梓（左）亲切交谈

第二章　工作与贡献

　　1989年，中山大学贯彻改革开放政策，在全球岭南大学校友的大力支持和参与下，成立了岭南（大学）学院。李宝健出任副校长后，负责联系岭南（大学）学院，因其岭南大学附中、岭南大学校友的多重身份，他后来还被选为岭南（大学）学院董事会董事及岭南大学广州校友会主席。他与海内外岭南（大学）学院校友致力推动学院建设，他亲眼看到，在"中大岭南一家亲"的精神鼓舞下，岭南（大学）学院已经建设成为在国内外有一定影响的高水平的学院，为此他十分高兴。退休后，李宝健一如既往地关心和支持岭南学院的发展。

1991年6月23日，李宝健（右二）出席岭南（大学）学院活动

代表岭南（大学）学院董事会为获奖学生颁奖

20世纪90年代初，代表中山大学与美国岭南基金会签订合作协议书

接待美国岭南基金会主席 Dr. Murray（左）

岭南（大学）学院董事会成员合影，黄华（董事会名誉主席，左六）、黄炳礼（董事会副主席，左五）、伍沾德（董事会主席，右六）、黄水生（右二）、李宝健（左七）

第二章 工作与贡献

在庆祝岭南（大学）学院创校 120 周年纪念大会上，李宝健做《回顾传统，展望未来》的主题报告

1999 年，向岭南（大学）学院学生发表有关岭南大学历史和优良传统的演讲

2008 年 6 月 28 日，李宝健（前排左一）出席岭南（大学）学院董事会第 41 次会议

2009年11月29日，参加岭南（大学）学院MBA大楼落成典礼

李宝健还负责联系学校图书馆的工作。他通过岭南基金会认识了美国哈佛大学图书馆馆长N. M. Cline，她是一位十分真诚地热爱中国人民的美国学者，在与中山大学取得联系后，她竭力帮助中山大学图书馆加强国际交流、加强图书馆现代化建设，还决定将哈佛大学珍藏的喜乐斯藏书中的三套之一捐赠给中山大学。

1995年，应邀前往荷兰乌特勒之大学进行为期一个月的讲学，照片背景为大学主楼

第二章　工作与贡献

1995年在荷兰讲学期间，恰逢郁金香等鲜花盛开的时节，到公园赏花时留影

在数十年的教学和科研生涯中，退休以前，李宝健在包括《美国科学院院报》（*PNAS*）、《中国科学》、《科学通报》等在内的国内外专业学术刊物上共发表论文近300篇，出版专著3部，部分论文被广泛引用；他还为进修生、本科生和研究生开过细胞学、遗传学、生物技术等8门课程；申请并获得授权中国发明专利20余项、美国专利1项、国际专利1项，有的专利在转化应用后，取得了巨大经济效益，如应用大型工业发酵技术生产优质灵芝的技术在转化后，在上海地区成立了生产车间达2万平方米、拥有大型自动化生产设备的公司。他还先后赴美国、英国、德国、日本等9个国家进行学术交流，在国际、国内学术会议上做过几十次报告，包括主旨报告和特邀报告。

由于李宝健在科学研究和教学工作中取得的突出成就，国务院、国家教委等上级部门先后授予他全国先进工作者、全国教育系统劳动模范、国家级有突出贡献专家等荣誉称号，并享受国务院特殊津贴。广东省、广州市和中山大学也曾给予他多项奖励。

国际顶级学术期刊 *SCIENCE*（1995，270：1147–1149）对李宝健作过高度评价："在过去10年内，像李宝健教授等回国科学家已成功地将DNA重组和转基因技术移植到中国的土地上……中国的生物技术将有一段漫长的道路要走，但其生物技术的先驱者如李宝健教授等已为其打下良好的基础。"英国权威科学杂志 *New Scientist*（1995，2008：3-4）也对他"外源基因导入水稻细胞"的研究发表专门报道：*Chinese deal blow to key gene patent*。文中报道了以李宝健为首的中国科学家对日本申请的一项转基因进入水稻细胞的世界专利提出质疑，为中国维护了一项关键性的知识产权。文章还配发题为"China joins the club"的评论,文中总结道:"李宝健教授等人这一研究成果,表明中国已进入国际水平的科学俱乐部。"科技部部长宋健还为此事专门叮嘱其秘书打电话向李宝健表示热烈祝贺!

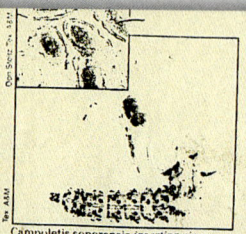

Science News 对李宝健科研成果的报道

第二章 工作与贡献

第二节 社会贡献

　　自1986年从美回国后,在国家层面,李宝健参加了全国"863"计划的规划工作,并出任国家"863"高科技(生物技术领域)第一、第二届专家委员会委员,国家教委科学技术委员会第一、第二届委员,中国遗传学会多届理事及植物遗传学术委员会副主任,中国细胞生物学会理事兼分子细胞生物学分会副主任委员,中国植物学会理事,中国生物技术学会理事和中国农业生物技术协会常务理事,热带作物生物技术国家重点实验室学术委员会副主任,国家杂交水稻研究中心高级顾问等职务;在省部级层面,他先后担任广东省高校生物工程协作组组长,广东省农业科学院生物工程顾问,广东省遗传学会首届理事长和名誉理事长,广东省政府科技咨询委员会委员,广东省高校生物工程协作组组长,1995年被广东省政府任命为"华南生物科学与技术研究中心"主任并被选任该研究中心首届学术委员会主任委员,他还担任了广东省研究生教育协会首届理事长和广东省博士后联谊会首届会长等;在高校层面,他曾被聘为复旦大学生命科学学院遗传研究所兼职教授、博士生导师,厦门大学细胞研究所兼职教授,浙江大学生命科学学院兼职教授,杭州大学客座教授,中国农业科学院兼职教授等。

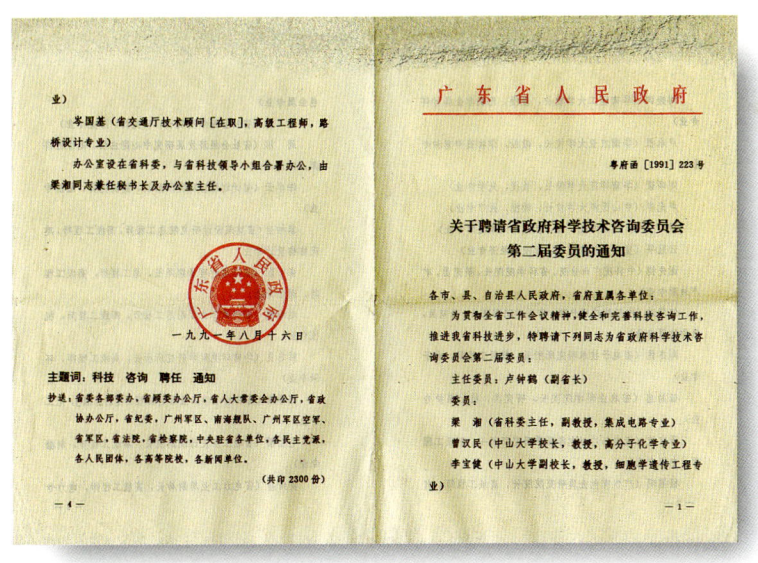

1991年,李宝健被广东省政府聘为省政府科技咨询委员会委员

李宝健（左二）被聘任为杭州大学客座教授

中国遗传学会理事荣誉证书

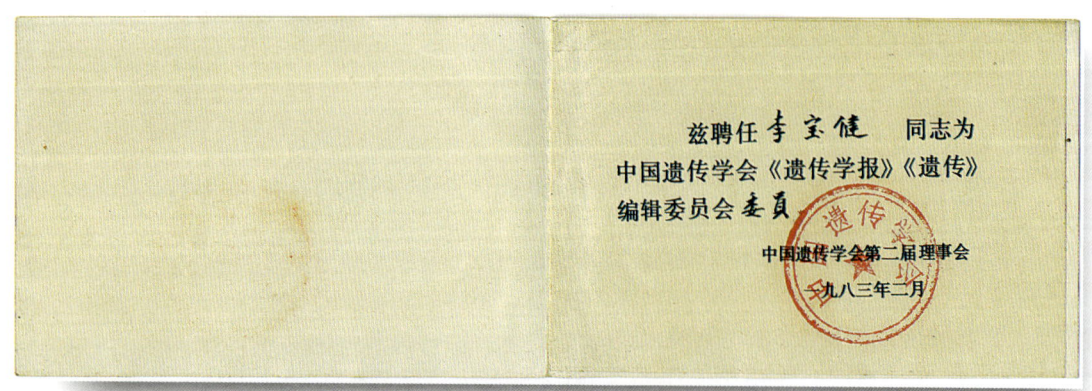

1983年2月，被聘为《遗传学报》编委

第二章 工作与贡献

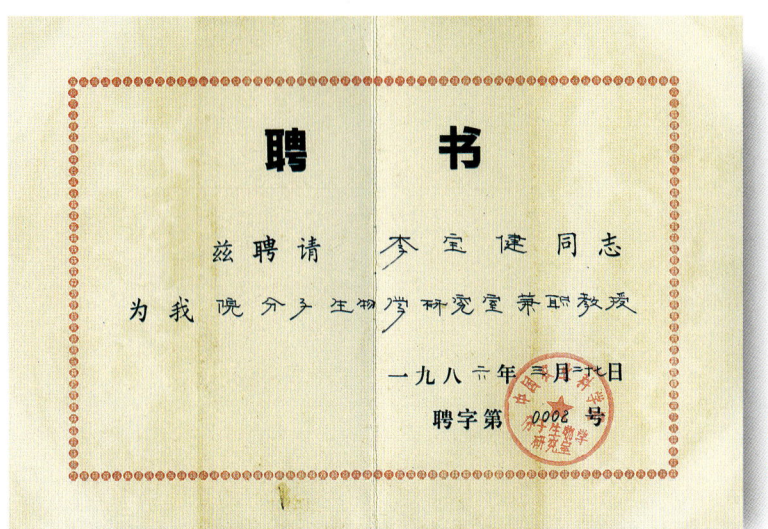

1986年，李宝健被中国农业科学院聘为分子生物学研究室兼职教授

另外，李宝健还被选为美国华人医药生物技术协会顾问，美国前沿科学协会（AAAS）、国际植物分子生物学协会（IPMB）名誉会员，亚太地区先进育种协会（SABRAO）等国际学术组织会员。

他的这些社会工作，为我国甚至国际遗传学、分子细胞生物学和生物技术的发展，为国家高层次教育的发展作出了贡献。

一、参加"863"计划规划

1986年1月，李宝健回到广州。仅仅过了两天，他就收到中共中央和国务院发来的通知，邀请他到北京中南海出席重要会议。这是关于我国高科技研究发展战略性规划——"863计划"的第一次会议，由多位党和国家领导人主持召

李宝健（右一）与我国生物技术领域专家洪孟民院士（右二）、侯云德院士（右三）、朱作言院士（右四）、袁隆平院士（右五）、范云六院士（左四）、许智宏院士（左一）等人在一起

开。抵达会场后,他瞬间就感觉到了会议的重要性,因为他惊奇地发现中共中央政治局委员们基本到齐了,另外,许多著名科学家,包括钱学森、钱三强等人也在座。会议传达了邓小平同志"一定要把我国高科技搞上去"的重要指示。邓小平同志十分重视生物技术,因为农业生物技术事关国家农业发展,生物医药技术事关人民生活健康,他将生物技术放在高科技范畴的第一领域。李宝健有幸参加了农业生物技术高科技研究计划的起草定稿工作,参与"863"计划农业生物技术专家组的还有袁隆平、许智宏等人,这些人后来都成为所在领域的大家。这份计划在1986年3月由邓小平同志亲自批准并开始实施,因此中国的高科技计划简称为"863"计划。

二、为国家培养生命科学高级人才

李宝健为我国培养生命科学高级人才做了大量工作。1988年,依托中山大学生物学系,李宝健主办并主持了全国首次植物生物技术培训班,该班有不少学员现已成为我国植物生物技术研究与开发领域的骨干。

在中山大学接待中国科学院生物学部主任委员邹承鲁院士(中)

第二章 工作与贡献

1994年7月，与参加国家教委"面向21世纪生命科学发展前沿及教学高级研讨班"的师生合影

主持"面向21世纪生命科学发展前沿及教学高级研讨班"结业典礼

在"面向21世纪生命科学发展前沿及教学高级研讨班"结业聚餐会上举杯祝贺

1994年夏，国家教委鉴于生命科学在世界范围内发展十分迅速，很多高校教师在生命科学领域的教学内容跟不上国际形势的现状，特委托中山大学筹办全国"面向21世纪生命科学发展前沿高级研讨班"，包括来自北京大学、清华大学等全国多所高校的生物化学、分子生物学、细胞生物学、遗传学与生物物理学领域的骨干教师参加了学习，李宝健担任该班总负责人。研讨班分别邀请了中国科学院生物学部主任邹承鲁院士、北京大学翟中和院士等9位院士以及复旦大学赵寿元教授等13位教授、研究员主讲。这次研讨会对提高我国高校生命科学学科教学水平起到了良好的推动作用，也为我国培养了一批生命科学领域的高级研究人才。研讨班结束后，由李宝健主编，广东科技出版社出版了《面向21世纪生命科学发展前沿》一书，供全国生命科学领域从事教学和科研的人员参考学习。

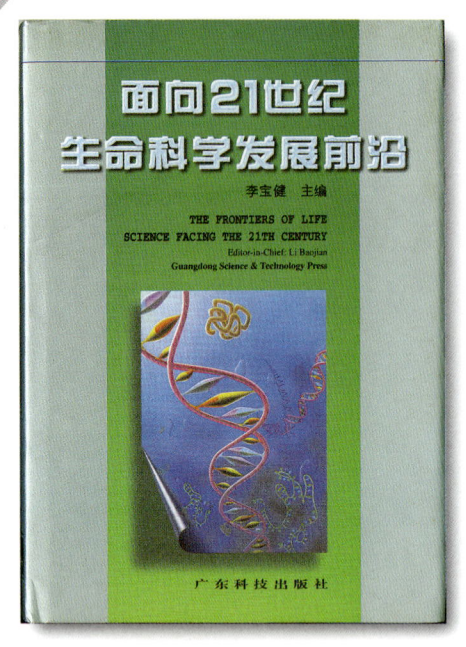

由李宝健主编的《面向21世纪生命科学发展前沿》一书的封面

1996年和1998年，由李宝健主持，分别在中山大学举办了两期"现代生物医学培训研讨班"，研讨班邀请了多位在各国从事现代生物医学研究有成就的华人专家，为参加培训的人员授课，这对推动当时我国相对落后的生物医药领域的教学和科研工作发挥了重要作用。

三、生命科学发展方向的前瞻性研究

李宝健积极参加生物学、遗传学和生物技术等学科的发展动态、前沿、应用前景评估以及争鸣等问题的讨论，对推动我国生命科学的健康发展起到了积极作用。

1972年，中国科学院主持的遗传学讨论会在海南三亚召开，大会给予李宝健一个不受时间限制的发言机会。在发言中，他完全不提有争论两派的名词，仅就他自己十多年来从事遗传学研究所获得的结果，说明什么是遗传物质、遗传物质能相对稳定的生物法则、变异与进化的有关规律以及遗传学理论在实际中应用的亲身体会，来论证什么是正确的遗传学。不少与会学者事后表示，这种讨论对我国遗传学的健康发展有一定积极意义。该发言的摘要刊载于1972年

发行的《遗传学通讯》（3：26–31）上，题目为《对遗传学发展的一些看法》。

李宝健还在许多专业期刊上发表了前瞻性文章，包括：

1. 《改造生物的崭新途径——遗传工程》，《遗传育种》，1978，1：3–4。

2. 《细胞生物学的概况与动态》，《生物科学动态》，1980：8–14。

3. 《论植物生物技术的形成和发展》，《中山大学学报》，1989，8（4）：183–193。

4. 《植物基因转化技术的建立与发展》，《高技术通讯（增刊号）》，1991：1–5。

5. 《本世纪生命科学及植物分子生物学的回顾及21世纪的展望》，《当前的植物分子生物学》（林忠平主编，科学出版社），1998。

6. 《展望21世纪的生命科学》，《生命科学》，2000，12（1）：37–40。

7. 《生命科学及植物分子生物学的百年回顾及展望》，《面向21世纪的植物分子生物学》，2000：44–53。

8. 《展望21世纪的农业生物技术——后基因组时代的农业生物技术》，《中山大学学报》，2004，1（43）：1–7。

1972年9月发行的《遗传学通讯》，刊有李宝健撰写的论文《对遗传学发展的一些看法》

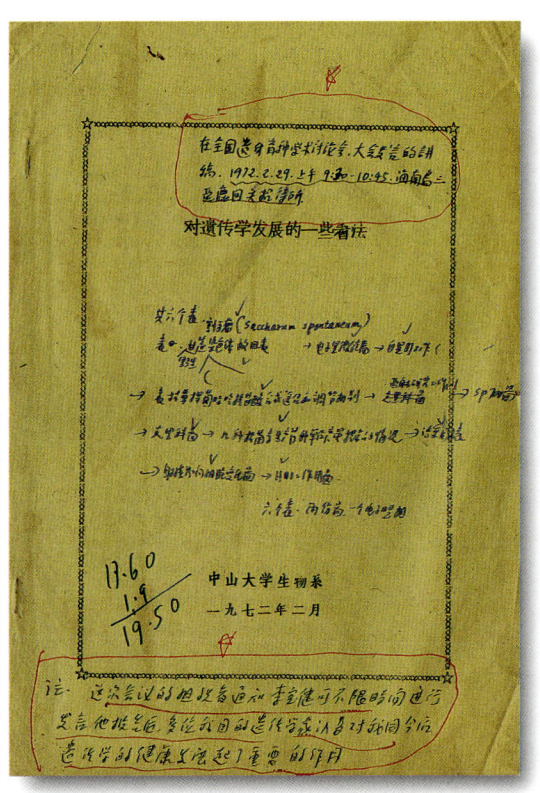

《对遗传学发展的一些看法》原稿

9.《21世纪医学主要进展的预测——后基因组时代的医学》,《中山大学学报》,2004,43(2):97-102。

四、壮心不已,继续奉献余热

2003年底,李宝健已年满70岁,迈进古稀之年。他获悉当时学校教授名额有限,如果他们不退休,符合条件的副教授就升不了教授。于是,他决定主动申请退休,但保证"会尽力继续做好科研和教学工作"。

2004年初,李宝健获准退休。退休后,他仍然活跃在科研教学的前线。自退休后至2012年底,他累计申请并获得授权发明专利6项,发表论文20篇,取得科研成果4项,其中两项成果分别获得广东省科学技术奖一等奖和二等奖,另外一项已经累积30年的科研成果"黑色食品作物种植资源研究与新品种选育

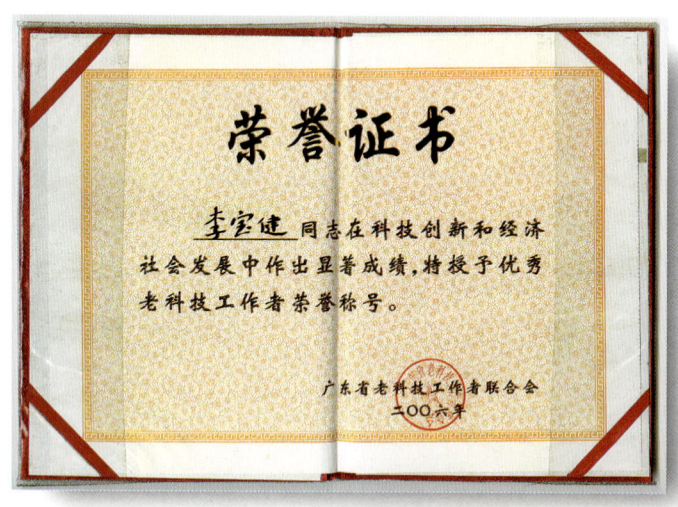

2006年获得广东省优秀老科技工作者称号

赴京领取老教授科技工作者荣誉奖时与广东代表团成员合影

第二章 工作与贡献

2006年9月，在北京参加全国老教授科技创新汇报会。李宝健是应邀在大会做报告的三位代表之一，报告题目是《创新潜能未可穷期，高龄人才要勇创人生第二个春天》

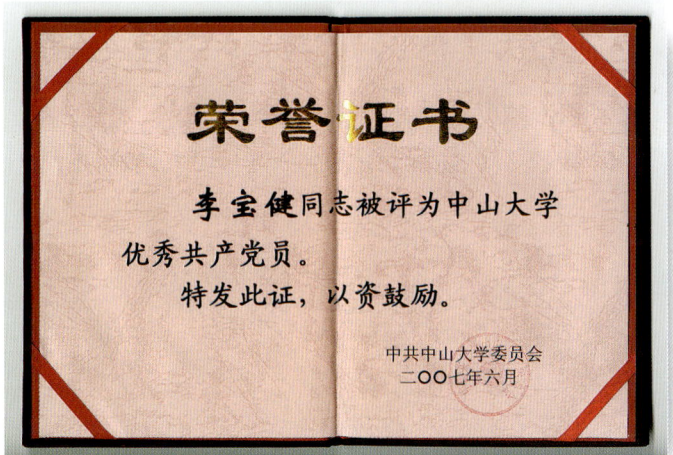

退休后，李宝健分别于2007年6月和2009年7月被评选为中山大学优秀共产党员

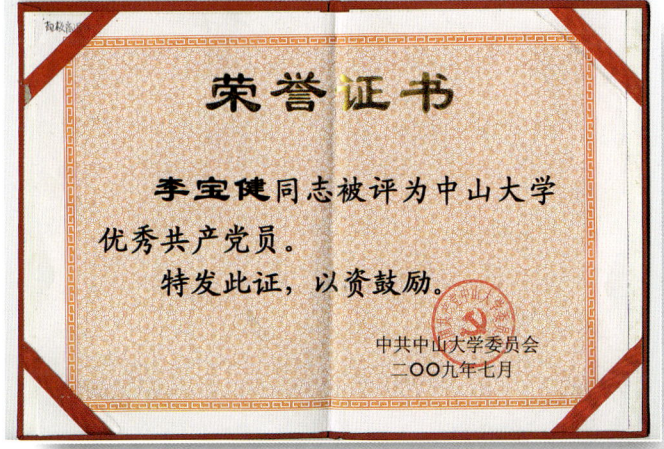

及产业化利用"在 2008 年获得国家科技进步奖二等奖。他参与的成果"SARS-CoV 感染引发急性呼吸窘迫综合征等疾病的致病机理和药理研究"在 2011 年获得教育部自然科学奖一等奖。

在"非典"肆虐期间，李宝健和钟南山院士、陆阳博士等专家学者合作，运用当代先进的分子生物学技术，成功完成"应用自行设计的 siRNA 药物对感染了 SARS 的恒河猴的预防和治疗作用的研究"，以李宝健为第一作者的论文发表在国际著名学术期刊 *Nature Medicine* 上。这一世界领先的科研成果在预防和治疗 SARS 方面取得重大突破，在国际生物医药界产生了较大的影响。

虽然已经退休，李宝健仍然十分关心青年一代学子的成长，针对当前学生急需情商知识的情况，自 1995 年他就准备这方面的资料，还联系中山大学心理学和教育学领域的三位教授专家，共同开设情商与成功学课程，该课程受到学生们的热烈欢迎！学校也十分重视这一课程，开课当天，学校党委书记李延保亲临授课现场并发表了讲话。

2006 年和 2008 年，李宝健分别获得了广东省老科技工作者联合会和中国老科技工作者联合会授予的广东省"优秀老科技工作者"和中国"优秀老科技工作者"荣誉称号，并被选为代表，在北京召开的"全国老教授教育科技创新汇报大会"上发言。他发言的题目是《创新潜能未可穷期，高龄人才要勇闯人生第二个春天》，发言得到中国老科技工作者联合会的充分认可。他的这种为祖国科学发展而坚持不懈的努力是终生坚持的。2011 年 12 月 21 日，他负责的课题组申请的中国专利"用于抑制和杀灭耐药性细菌的双链小分子干扰核酸及其组合"获得立项。

李宝健反复强调，上述所有的工作和研究成果均是全体参与者和合作者集体心血的结晶。

在中山大学工作的 50 年间，中山大学和生物学系、生命科学学院多位领导、老师对李宝健信任有加，尤其是老校领导冯乃超、李嘉人、黄焕秋、曾桂友以及老生物系领导戴辛皆、于志忱等人，对他的工作十分支持和关心，这都使他感到终生难忘、感激异常。蒲蛰龙、利翠英两位老师也很关心李宝健，当李宝健刚从苏联回到中山大学，因实行粮食供给制，粮票有限，身体日渐消瘦，瘦了十余斤后还"屋漏偏逢连夜雨"，得了一场肝病。蒲老和利老得悉后请李宝健到家里吃饭，补充营养，并说"有空就常来"，关心之情溢于言表。

身体是革命的本钱，这是李宝健终生倡导的生活理念之一。80 岁的他仍然和一群志同道合的老教授坚持锻炼身体，长期游泳和骑自行车，这也是他能继续工作在教学科研第一线的秘诀之一。

第二章 工作与贡献

2008年,参加中山大学健康老人迎奥运象征性接力游泳比赛

2011年,参加中山大学老年教职工游泳比赛(左二为中山大学党委副书记喻世友)

2012年6月,获得中山大学迎校庆第七届游泳健身运动会亚军

与长期合作的好伙伴计亮年院士(左)在珠海海滨泳场游泳

退休后，李宝健参加中山大学老年音乐班学习

在广州游览留影

第三章

记忆深处的几件往事

1959年4月,来自中山大学的5位留苏同学在苏联列宁格勒市涅瓦河畔合影(左一为谭振林、左二为梁之舜、左三为许崇庆、右二为黄溢明、右一为李宝健)

第一节　受到毛主席等党和国家领导人的接见

1957年11月上旬，李宝健赴苏联留学，11月14日抵达莫斯科。

16日晚上，包括李宝健在内的莫斯科各大学的中国留学生接到通知，第二天上午，全体中国留学生到莫斯科大学大礼堂集合，中共中央宣传部部长陆定一向大家做关于国内外形势的报告。一个令人振奋的消息像一缕清风传遍大学校园：毛主席可能来看望大家。因为大家都知道，11月2日，毛主席率领中国政府代表团访问苏联，参加十月革命40周年庆祝活动，并出席64国共产党和工人党代表会议。

早上8时刚过，李宝健和其他中国留学生便赶到莫斯科大学大礼堂。陆定一的讲话在10时开始，此时，能够容纳3000人的大礼堂已经座无虚席。下午3时多，陆定一结束了报告。这时，中国驻苏联大使刘晓带来一个喜讯：毛主席在参加一个极其重要的国际会议，会后很有可能来和大家见面。下午6时刚过，毛主席和中国代表团主要成员，包括邓小平、彭德怀、乌兰夫、陈伯达、胡乔木、杨尚昆等党和国家领导人来到会场。毛主席一开始的讲话就是著名的这段话："世界是你们的，也是我们的，但是归根结底是你们的，你们好像早晨八九点钟的太阳，希望寄托在你们身上！"之后，毛主席以宏伟和坚定的语气就国内外形势、中国今后的发展等问题发表了近1个小时的讲话，讲话不断地被这批年轻人十分热烈的掌声所打断，以致毛主席不断用命令的手势打断他们发自内心的掌声，才能得以继续讲话。毛主席领导中国共产党解放了全中国，新中国成立初期国家又成功地实行了第一个五年计划，全国人民都充满着信心和希望。在当时，这些年轻人能受到毛主席的亲切接见、鼓励和教育，是终生难忘的大事。

后来，周恩来、朱德、刘少奇等党和国家领导人相继访问苏联，而且他们都到了列宁格勒访问，李宝健有机会聆听了他们亲切的教导，周总理的风度和智慧、朱总司令对年轻人的慈爱和关心都让他终生难忘。回国之后，李宝健和留学生们再次受到周总理和朱总司令的接见，他们一起邀请刚刚回国的留苏学生在人民政协大礼堂观看戏剧《洪湖水浪打浪》。李宝健回忆道："周总理和朱总司令坐在前排中央，我有幸坐在第三排，亲眼见到敬爱的周总理和着戏曲，轻轻地拍着手掌并随着轻声歌唱的情景，这些德高望重的中国人民的领袖对年轻一代的关心和激励使我终生难忘，并永远鼓励着我不断地前进。"

第三章 记忆深处的几件往事

1960年冬季，摄于列宁格勒市涅瓦河畔

1959年，初春来临时，摄于列宁格勒市公园内

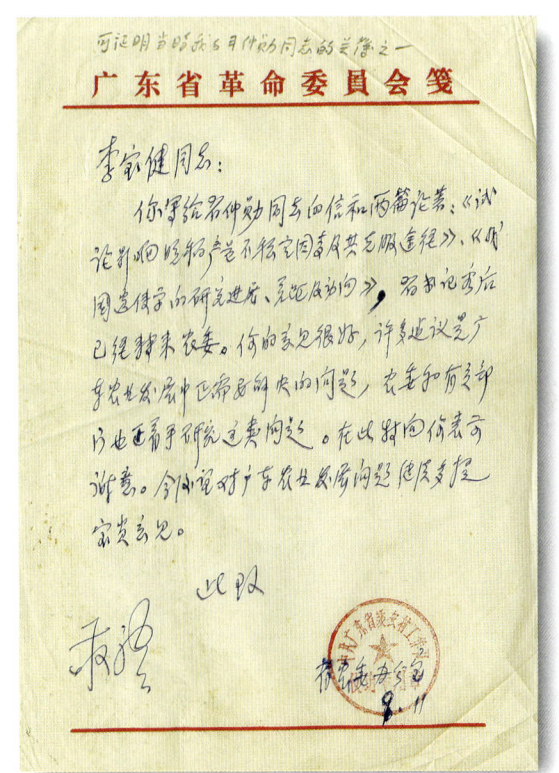

李宝健曾给广东省委第一书记习仲勋去信，对广东农业发展问题提出建议。本图为广东省农委办公室给李宝健的回信

1978年，在全国科学大会召开后，广东省和中山大学及时传达和贯彻大会的精神，在贯彻大会精神上，广东省提出要结合一个学科的发展现况和趋势分析科技形势，特别是高科技对生产发展的影响，以便用具体的事例来体现科学工作的意义。广东省委和广州市委选择了"生物科学的发展及其对社会进步的影响"的课题，并指定由李宝健承担。李宝健在汇报课题成果时，有机会接触了多位领导，包括杨尚昆同志、习仲勋同志，两位领导亲自出席报告会，并从头听到尾。报告会结束后，他们高兴地走上来与李宝健握手，并且说道："你的报告很好，我们都听懂了。我们很快就要调回北京了，以后来北京请到我们家来坐坐。"中南局王首道书记也十分关心李宝健，曾多次邀请李宝健陪他巡视工作。在巡视过程中，王首道与李宝健经常讨论到教育和科技方面的问题。王首道曾在视察海南岛时邀请李宝健长坐三亚海边，深谈两个多小时，从明月在海边升起直到天暗后只能看到椰树的侧影。当年，改革开放的春风刚抵达神州大地，广东省是改革开放的前沿，省领导对科技教育的关注使李宝健对实现他一生的理想——为中华民族之崛起添砖加瓦，充满了信心！

第三章 记忆深处的几件往事

第二节　应约拜访蒋纬国先生

1995年，在十分热爱祖国的一批台湾朋友的大力协助下，由中山大学李宝健及华南生物科学与技术中心负责组织侯云德、翟中和、郑国锠、郝水等20多位全国著名的生命科学专家，赴台湾与台湾"中央研究院"、"国立"清华大学、"国立"中山大学等单位进行学术交流。台湾"中央研究院"院长吴大猷院士亲自参加了交流。

这本是一次学术交流活动。但意外的是，李宝健接到曾担任台湾装甲兵司令、上将军衔的蒋纬国先生的亲自邀请，赴宅邸访问。那天晚上，正值大雨瓢泼，蒋纬国派专车接李宝健抵达宅邸，并与他进行了一个多小时的亲切交谈。蒋纬国当时是蒋氏家族中德高望重的老前辈，他代表蒋氏家族与李宝健恳切地交谈，并请他转达给中央领导人（他称之为"大陆"领导人）如下意见：一、你们都称我们为"四大家族"，但请记得我们与你们除有许多不同点之外，还有一个共同点，那就是"我们都热爱中国，都为自己是中华民族而自豪，而且都希望中国发展成为强盛的国家"；二、我们看到在中国共产党和邓小平先生的领导下，中国已取得长足的发展和进步，我们蒋家为此感到十分高兴；三、今后只要是对中华民族和中国发展进步有益的事情，请告知我们，我们蒋家愿意积极配合。蒋纬国先生讲得十分诚恳，并在家中客厅与李宝健合影留念，还将亲自签名的领带送给李宝健作为礼物。

回到大陆后，李宝健随即将会见情况向中央有关部门进行了如实的反馈。

应蒋纬国先生（中）邀请，李宝健（左）到蒋家与蒋纬国深谈。右为台湾的麦先生

第三节　与美国财政部官员会谈

1995年4月，应 Chinese Biopharmaceutical Association（美国华人生物医药协会）邀请，李宝健赴华盛顿参加了该会成立大会，并应邀做了"中国生物技术（包括医药生物技术）的发展概况及展望"的报告，并被聘为该会的学术顾问（另一位学术顾问为牛满江教授）。参加大会的美方代表有国会负责科技和教育的议员和财政部的官员。

成立大会结束后，美国财政部的一位陈姓官员约李宝健与他单独相见。当晚9时，他赶到李宝健的住所，两个人一直谈到次日凌晨一时多。陈先生的祖籍是中国广东，到他这一代已经是第三代移民，但他仍深深地爱着中国。

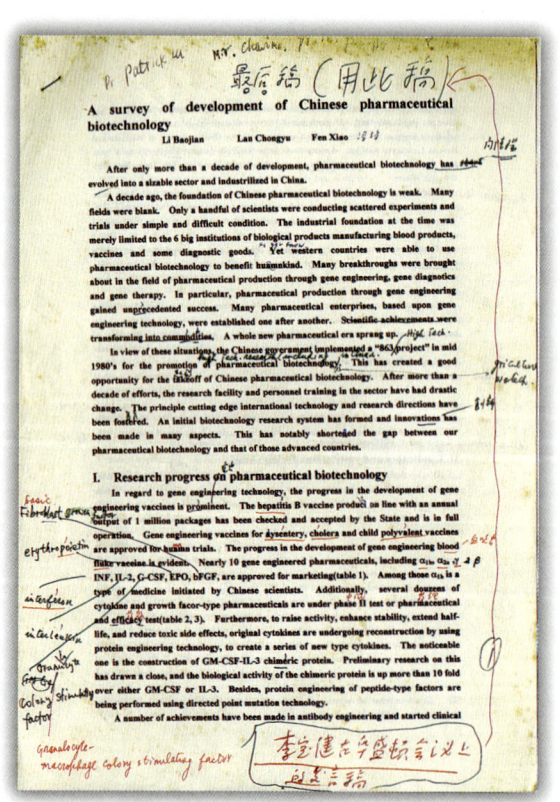

李宝健在华盛顿CBA成立会议上所做的报告讲稿首页

在近4个小时的交谈中，他用带着乡音的广东话，谈到一个重要问题，近几年，以美国某个大财团为主的资本势力策划了一起财政金融行动，致使包括

第三章 记忆深处的几件往事

印度尼西亚在内的几个东南亚国家的财产受到很大损失，从而使这些西方财团能得到极为丰厚的"利润"。但他们绝不会就此罢休，据他了解，他们的下一个目标就是用同样手段对待包括香港、澳门在内的珠江三角洲经济发展地区。如果他们的意图得逞，这个地区的经济发展和中国的经济发展会受到很大的影响和损失。陈先生认为必须早做准备，中国内地与港澳应立即紧密联合起来，制定严格的防范计划。接着他详细地讲述了他认为中国可以战胜这些国际财团在大中华区域实施金融破坏计划的六点建议。这是关系国家发展和稳定的大事！李宝健全神贯注地记下了他说的每一句话，他对这位华人热爱祖国的赤子之心表达了深深的谢意。

第二天，李宝健换购了机票，提早回到祖国。抵达广州后，他打电话给爱人胡蕲慧，告之需要马上转机去北京一趟。胡老师问："为什么不先回家休息一下呢？"李宝健没有正面回答，他担心在电话中讲有可能会泄密。在抵达北京后，他直接到国务院外交部，找曾在苏联留学时有不少交往的外交部长钱其琛，但被告知钱外长这几天很忙，正准备接待克林顿总统来华访问的工作，于是外交部美洲司司长和几位官员（含速记员、录音员等人）听取了李宝健的汇报。

李宝健回忆说："我至今仍清楚地记得，因为事关国家利益，我尽全力一字一句地按照那位华人朋友的讲话，十分负责地从头到尾如实进行了汇报，汇报足足用了1个多小时。汇报完后，司长走上前来，拥抱着我说：'这太重要了，据我所知，我们还没有这方面的充分信息和准备呢，十分谢谢您了！'"李宝健说我们要谢谢那位美籍华人才对。

后来，李宝健得知：在20世纪90年代末的亚洲金融风暴中，中国内陆及香港所遭受的财政金融损失比邻国要少得多，领头策划亚洲金融风暴的美国某大财团公开承认了在大中华区域的失败。李宝健不知他的行为在中国抵挡这次金融危机中起到了什么作用。总之，"对得起祖国，对得起良心就行了。"李宝健说道。

第四节　与日本皇太子的一面之缘

1996年，李宝健应邀参加在日本科学城召开的"亚太地区农业遗传育种学术交流大会"。

中国代表团的一位团友是中国农业科学院的研究人员，她准备在大会上做"中国的家畜、家禽的品种资源与利用前景"的学术报告，但她是学俄文出身的，英文基本不懂。她告诉李宝健，她的英文讲稿是别人帮忙写的，她照着念了很多次，但别人用英文提问她就听不懂了，想在演讲后回答问题时请李宝健帮忙翻译。李宝健答应了她，但不巧他自己的学术报告被排在她的报告前面，并且在另一个报告厅，李宝健告诉她："我讲完我的报告后，一定快步跑去你做报告的大厅帮忙，请放心！"

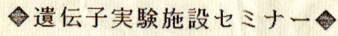

1986年8月26日，李宝健应邀到日本名古屋大学做学术报告

日本遗传学会代表团秘书木下俊郎给李宝健的信件

第三章　记忆深处的几件往事

当天下午，李宝健做完报告后，快步跑到她所在的报告大厅，这时厅内灯光已经熄灭了，她正在边放幻灯片边做报告，李宝健"摸黑"走了进去，大厅里基本坐满了人，只有后面和第一排还没有人坐，李宝健想，自己需要做翻译，还是坐在第一排吧。刚坐下不久，大厅灯光突然一齐亮了起来，大会主席登台宣布："日本皇太子光临大会，请大家热烈欢迎！"这时李宝健看到了皇太子在四名侍卫和两排日本科学家的陪伴下正向自己坐的第一排座位走来，也借着灯光看到了讲台旁将第一排留给特别嘉宾的通知，但李宝健想起自己是中国科学家的代表，不是故意占位，因此表现得大方得体，他迎上去和皇太子阁下握手并用英文说："您好！我们热烈地欢迎您光临大会，请您在前排就坐。"皇太子看了李宝健胸前挂着的牌子，说道："您好！你是来自中国的科学家吗？"李宝健教授说："是的！"皇太子笑了一笑，说："那你就坐在前面吧"，接着扭头就向后排的空位走去，所有陪伴进来的日本科学家也跟着皇太子阁下坐到后排去了。在演讲台上的中国女科学家，从头再做了一次演讲。这时，李宝健仍坐在第一排听报告，但他感触万分，回想起抗战期间，全家被逼逃难，日本轰炸成都，全家差点被炸死，父亲积劳成疾，不幸在抗战胜利后几年内英年早逝，那时中国人活得没有一点尊严。现在日本皇太子对像自己这样的普通中国科学家表示了应有的尊重，世界真是变了，他为自己的祖国成为了一个强大而有实力的国家深感自豪。

当皇太子阁下登基成为明仁天皇之后的几年间，每逢日本国庆，日本驻广州领事馆都邀请李宝健去参加庆祝宴会。会后，总领事还会专门送给他礼物和亲自送他离去。李宝健觉得不甚理解，曾问总领事："你们为什么这样对待我呢？"日本领事回答道："因为您是我们当中唯一一个曾受到天皇阁下亲自接见并与他握过手谈过话的人。"

下 编

教学与科研成果

2005年，李宝健在新闻发布会上报告应用 siRNA 治疗恒河猴 SARS 疾病的成果

第四章

教学与人才培养

与研究生一起讨论学术问题

第一节　对本科生及进修生的培养

　　1963年，李宝健被聘为中山大学生物系讲师；1979年，被聘任为副教授；1985年11月在美国期间，被中山大学聘为教授；1990年10月，经国务院学位委员会第9次会议批准为遗传学专业博士生导师。

　　在对学生培养方面，李宝健倾注了大量心血。他为本科生、进修生（含两年期培训班等）开设过细胞学、遗传学、分子遗传学、植物遗传与育种、遗传工程学、细胞遗传专题、微生物遗传与育种、植物生物技术的原理与方法等8门课程。李宝健教授开课的特点是基本原理讲得比较全面和透彻，并且常将自己的研究成果及切身体会融入到课程内容中；前瞻性强，常教给学生以创新性的启发思维思考问题。此外，李宝健还指导过许多本科生的毕业论文。

　　1962年，李宝健在中山大学首次开设了第一门课程细胞学。由于历史的原因，在中国已经有多年没有开设细胞学课程。李宝健从苏联留学回来后，学校和生物系的领导达成一致意见，安排李宝健开设细胞学课程。当时，开设细胞学课程的国内大学只有北京大学、复旦大学和东北师范大学三所高校。在李宝健备课时，国内没有现成的教材，国外的教材也无法引进，这给李宝健增加了

20世纪60年代与兄弟院校教师交流时合影（前排左二为李宝健）

在广东省生物科普协会第六届年会上讲话

很大的难度。第一次课程是开设给1958级本科生，同学们给予了他很大的鼓励和支持。他讲授的细胞学课程中包括细胞遗传学、细胞化学和细胞生理学的基础专业知识，学生们对此非常感兴趣。在大家的共同努力下，生物系还开设了细胞学实验课程。这个年级的许多同学毕业后留校工作，包括魏聪桂、周昌清、张镇洪、龙紫新等人，他们都与李宝健结成了亲密的师生和同事关系，大家至今对李宝健当年努力授课的情形历历在目。1963年以后，李宝健由于另有任务，细胞学课程讲授任务交给林月婵、邹韵霞等老师完成。后来，李宝健还给华南农学院讲授细胞学课程。1978年，李宝健在参加完第二届国际细胞生物学大会返校后，便建议将课程名称改为细胞生物学。

李宝健开设的第二门课程是遗传学，和邓仕汉老师一起讲授。开课第二年，该课程即由李宝健单独授课，后来由梁志成、林月婵、金立培等老师相继讲授。这也是一门挑战性非常强的课程，由于20世纪50年代初期，中国生物科学界曾受到米丘林遗传学的影响，能否给学生开设一门科学的遗传学课程受到师生的关注，李宝健为此倾注了许多心血，课程开设后受到普遍欢迎。1999年后，该课程由他的学生贺竹梅讲授，李宝健教授给予了热心的指导和帮助，并为贺竹梅老师的专著《现代遗传学教程》作序。

1984年，李宝健还为植物遗传学专业本科生开设了分子遗传学课程，这在当时是一门非常现代的课程。

李宝健(后排右六)出席广东优秀科技专著出版基金成立七周年纪念大会

李宝健(前排左八)与生物学系1958—1963级校友合影

李宝健(前排左六)与生物学系植物学专业1961届学子合影

李宝健（右）在人才培养座谈会上发言

植物遗传与育种是李宝健为在中山大学举办的"遗传育种高级研讨班"学员开设的课程。以此为基础，他和祁祖白教授合作编写了《水稻育种的遗传学原理》一书，该书从水稻的起源和分化谈起，运用水稻细胞学及细胞遗传学的原理，较详细地分述了水稻主要性状的遗传、近缘有性杂交育种、抗性育种、诱变育种、杂种优势利用、倍数性育种的理论和具体方法，同时还介绍了育种工作中常用的统计方法及原理。至今，该书仍被一些高等农业院校推荐为参考书。

植物生物技术的原理与方法一课是李宝健为植物遗传专业本科生开设的课程。在这门课程的基础上，他与他的学生曾庆平合作，于1990年出版了《植物生物技术原理与方法》一书，我国著名遗传学家、复旦大学谈家桢院士亲自为该书作序，对该书及李宝健的研究工作给予了积极评价。谈家桢写道：

《水稻育种的遗传学原理》一书封面

"此书着重介绍了植物基因工程、植物细胞工程和植物生物技术中的其他技术。作者从分子水平、细胞和亚细胞水平、组织和器官水平等层次上，讨论了植物生物技术的原理、方法及其应用潜力。这将推动本学科的发展及人才培养起积极的作用。

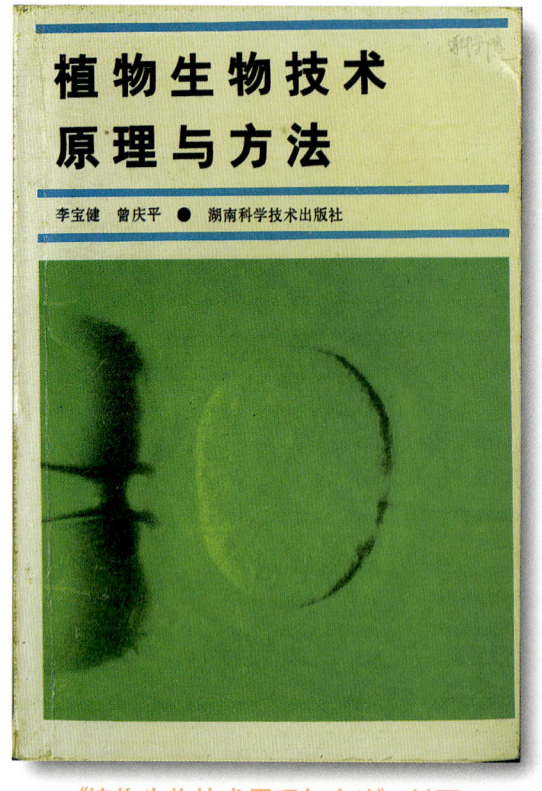
《植物生物技术原理与方法》封面

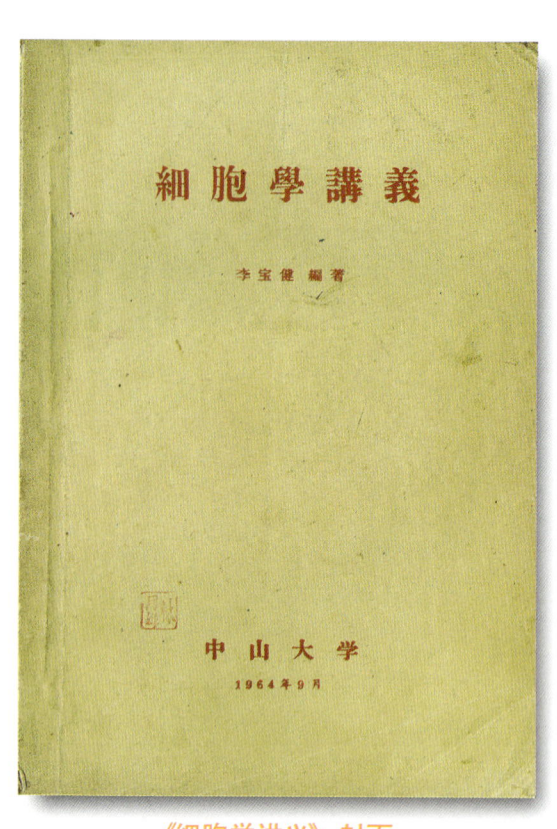
《细胞学讲义》封面

"李宝健教授早年曾留学苏联，长期从事植物遗传、细胞遗传及细胞化学、植物基因工程的研究和教学。80年代初，他应邀赴美进行学术交流期间，首次将电激法应用于植物细胞的遗传转化，取得了突破性进展。1986年回国后，他组建了中山大学生物工程研究中心，领导着他的研究小组更深入地开展植物生物技术领域的研究。"

该书是20世纪90年代关于植物生物技术研究难得的一本好书，至今仍有重要的参考价值。

退休后，李宝健仍然十分热爱本科教学工作，经常给本科生开设讲座，给同学们带来了极大的鼓舞。

第二节　对研究生的培养

李宝健十分重视研究生的培养工作，先后为研究生开设分子遗传育种原理、基因工程学等两门课程。

在指导研究生方面，李宝健给研究生确定的论文选题难度都很大，都是一些具有挑战性的课题。他认为，研究生只有在开创性的科研工作中，才能锻炼出具创新能力的科研素质。当然，经过一段时间的研究之后，如果确有困难，他也会同意更换题目。

李宝健对研究生撰写的论文质量要求很高。为了严格培养人才，学生提交给他的论文，他都逐字逐句地认真修改，修改后再用讨论的方式与学生交换修改意见，最后由学生自己定夺。李宝健对研究生论文的独创性要求很高，如果不能达到要求，他是不会仅仅从感情因素考虑让学生毕业的。

除了对学生的严格要求之外，李宝健十分关爱学生。在教学科研之外，他是一个和蔼可亲的人，从没教授架子。他提倡劳逸结合，经常抽空参加师生互动的活动，如旅游等。在一起活动时，他会给学生们讲自己的人生经历，告诉他们一些做人的基本道理及爱国和爱科学的信念。学生们有生活等困难时，他一定会尽力予以帮助。

李宝健先后培养博士后研究人员 7 名，博士生 15 名，硕士生 51 名。

李宝健（右一）出席博士学位论文答辩会（右二为袁隆平院士、右三为卢永根院士）

李宝健工作照

身着博士研究生导师服留影

李宝健（中）与他的首届博士研究生尹中朝（左，现新加坡农业研究院水稻遗传研究室主任）和贺竹梅（右，现中山大学生命科学学院教授）在一起

吴敏为李宝健的研究生，后赴哈佛大学学习，现在美国工作

李宝健（右一）与研究生一起游览

李宝健在参加国际遗传学大会期间，与叶克难（后）在牛津大学留影

李宝健（后排左四）与研究生一起在阳江海边游泳

第四章 教学与人才培养

与研究生一起旅游（二排左三为李宝健）

实验室全家福（前排中为李宝健）

1998年，与实验室研究生合影（后排中为李宝健）

李宝健夫妇与部分已经毕业的研究生合影（从右至左：李刚、徐增富、贺竹梅、朱华晨、许新萍、刘秋云、张擎）

2012年6月，在中山大学研究生学位授予仪式上，李宝健手持权杖，引领主礼教授走向主礼台

2012年6月，在研究生学位授予仪式期间，李宝健（中）与许宁生校长（左）、许家瑞常务副校长（右）合影

第四章 教学与人才培养

李宝健教授培养博士后研究人员名录

序号	入学时间	姓名	性别	工作单位
1	1993.09	马文丽	女	南方医科大学
2	1994.01	张　宏	男	美国
3	1994.03	刘秋云	男	中山大学生命科学学院
4	1995.09	曹吉祥	男	美国
5	1995.09	伍世平	男	美国
6	1996.12	贺竹梅	男	中山大学生命科学学院
7	1997.09	胡建广	男	广东省农业科学院

注：当时，中山大学尚未获得遗传学专业博士后人员培养资格，李宝健教授招收的博士后研究人员均以植物学专业招收，但是均按照遗传学专业进行培养。

李宝健教授培养的研究生名录

序号	学位	入学时间	姓名	性别	工作单位
1	博士	1993	贺竹梅	男	中山大学生命科学学院
2	博士	1993	尹中朝	男	新加坡农业研究院
3	博士	1994	石和平	男	美国
4	博士	1995	余迪求	男	中国科学院西双版纳热带植物园
5	博士	1996	冯道荣	女	美国
6	博士	1996	刘军波	男	美国辛辛那提儿童医院研究中心
7	博士	1997	李　刚	男	中山大学生命科学学院
8	博士	1998	范　钦	男	南方医科大学
9	博士	1999	程　度	男	中山大学化学与化学工程学院
10	博士	1999	林　莉	女	美国
11	博士	1999	许新萍	女	中山大学生命科学学院
12	博士	1999	薛爱群	女	澳大利亚
13	博士	2000	谢　军	男	美国
14	博士	2000	徐志祥	男	江西师范大学生命科学学院
15	博士	2000	朱华晨	女	香港大学

续上表

序号	学位	入学时间	姓名	性别	工作单位
16	硕士	1979	关永全	男	中山大学生命科学学院
17	硕士	1979	涂桂洪	男	深圳华生元基因工程发展有限公司
18	硕士	1979	王金发	男	中山大学生命科学学院
19	硕士	1979	张木炎	男	香港兆信实业有限公司
20	硕士	1980	张兆梁	男	中山大学生命科学学院
21	硕士	1985	胡自华	男	珠海市农业科技培训中心
22	硕士	1985	吴 敏	男	美国
23	硕士	1985	叶克难	男	中山大学生命科学学院
24	硕士	1985	曾庆平	男	广州中医药大学
25	硕士	1986	柯遐义	男	英国
26	硕士	1986	李菁菁	女	广东省昆虫研究所
27	硕士	1986	邱国华	男	常州大学
28	硕士	1986	许新萍	女	中山大学生命科学学院
29	硕士	1987	马 蕾	女	上海市教育局
30	硕士	1987	余焰华	男	广东天普生化医药股份有限公司
31	硕士	1988	陈春洪	男	澳大利亚
32	硕士	1989	黄俊潮	男	中国科学院昆明植物研究所
33	硕士	1989	尹中朝	男	新加坡农业研究院
34	硕士	1989	张秀文	女	暨南大学
35	硕士	1989	丘 云	女	美国
36	硕士	1990	施 骏	女	广州安利公司
37	硕士	1990	温华强	男	广州市雅芳化妆品有限公司
38	硕士	1991	邓庆丽	女	中山大学生命科学学院
39	硕士	1991	许东晖	男	中山大学生命科学学院
40	硕士	1991	杨 方	女	天津市中国市政工程华北设计院
41	硕士	1992	贺平鸽	女	国信证券（深圳）
42	硕士	1992	杨其生	男	
43	硕士	1993	胡 明	男	广州市高校毕业生就业指导中心

续上表

序号	学位	入学时间	姓名	性别	工作单位
44	硕士	1993	沈亚楠	男	深圳市科兴生物制品有限公司
45	硕士	1994	黄 粤	男	北京协和医学院
46	硕士	1994	李 刚	男	中山大学生命科学学院
47	硕士	1995	岑 川	女	美国
48	硕士	1995	陈 谷	女	华南理工大学
49	硕士	1995	李瑞雪	女	揭阳市科技局科技开发中心
50	硕士	1995	谭兆平	男	广州市蔬菜研究所
51	硕士	1995	卫剑文	男	美国
52	硕士	1996	陈金婷	女	中国科学院华南植物园
53	硕士	1996	王晓卿	女	广州慧海贸易有限公司
54	硕士	1996	于 湄	女	四川华西医学院
55	硕士	1997	廖汉泉	男	广东省微生物所
56	硕士	1997	曹 俊	男	美国
57	硕士	1997	李华平	男	广州
58	硕士	1997	李 明	男	美国
59	硕士	1998	徐志祥	男	江西师范大学生命科学学院
60	硕士	1998	朱华晨	女	香港大学
61	硕士	1999	王 强	男	美国
62	硕士	1999	肖建勇	男	广州中医药大学
63	硕士	2000	金华南	男	美国
64	硕士	2000	祈 瑜	男	浙江杭州默克公司
65	硕士	2001	吴志岭	男	美国
66	硕士	2001	叶丽珍	女	日本

注：招生专业均为遗传学。在中山大学生命科学学院获得遗传学博士研究生招生专业前，遗传学博士研究生招收挂靠在复旦大学生物科学学院进行。

第五章

标志性科研成果

当李宝健等人的论文在 *Nature Medicine* 上发表后,中山大学生命科学学院在校园内挂出横幅庆贺

李宝健的科研工作主要分为四个阶段：

第一阶段，1955年至1982年，主要从事遗传学基础研究，包括植物细胞遗传、细胞化学、DNA复制、杂种优势基础理论研究等方面。

第二阶段，1983年至1994年，主要从事植物基因工程研究，包括细胞全能性研究、应用电激法将外源基因转入植物基因组的研究、植物基因工程研究、人工种子研究等方面。

第三阶段，1995年至2004年，以植物基因工程和分子生物学为主要研究手段，主要从事农业生物技术研究，包括结合华南热带亚热带地区的丰富植物品种资源，以培育高产、优质并具有多种抗性的农作物新品种为目标的研究工作。

第四阶段，2005年至今，主要从事医药生物技术研究，包括SARS病毒的特效药研制、灵芝新品种选育及其现代化生产技术研究、超级细菌研究等方面。

近60年来，李宝健在和他领导的科研团队的通力合作下，发表了近300篇论文，申请20余项发明专利，获得近30项科研奖励。

现选出其中12项科学研究成果作为标志性成果介绍如下。

第一节　遗传学基础研究成果

第一项：植物细胞减数分裂和有丝分裂过程中DNA复制及其细胞化学特征的研究

这项研究是李宝健在苏联国立列宁格勒大学细胞研究所导师 П.В.Макáров 院士的指导下完成的。李宝健是继美国人 Taylor 使用植物百合（*Lilium longiflorum*）之后，世界上采用另一种植物洋葱（*Allium cepa*）完成的对 DNA 复制研究的第二人。与 Taylor 不同的是，李宝健还应用多种细胞学方法，对与 DNA 复制有关的有丝分裂和减数分裂过程的各阶段细胞的化学特征，包括 RNA、蛋白质及多种氨基酸等的动态特征进行了系统研究。这一研究成果曾于1960年在莫斯科举行的全苏第一次细胞化学大会上进行了报告。1961年，李宝健回到北京，当时中国著名生物学家童第周教授邀请他以在苏联取得的研究成果为主要内容作学术报告，这一研究成果得到了当时学术界的充分肯定。

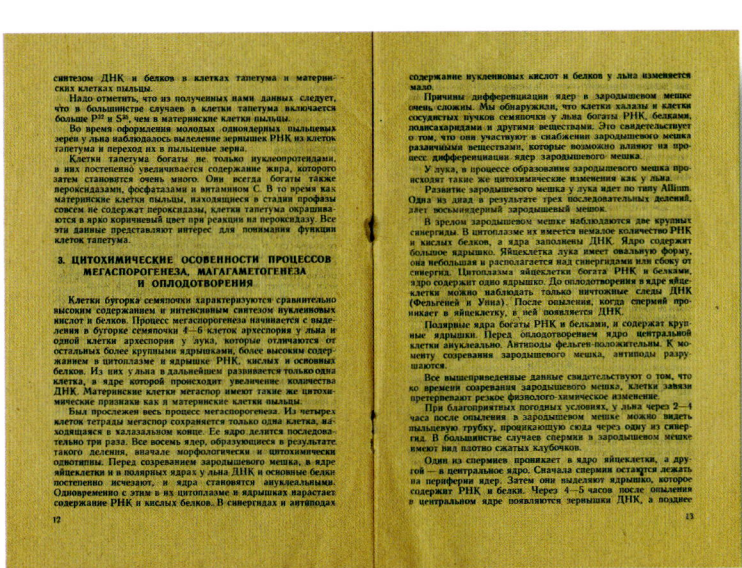

图为李宝健在植物细胞减数分裂和有丝分裂过程中关于 DNA 复制研究内容的论文（部分）

第二项：杂种优势基础理论研究

20 世纪 70 年代，李宝健及其研究团队应用光学和电子显微镜等技术，系统地对比研究了雄性不育性状发生的全过程，较为全面地揭示了雄性可育和雄性不育形态发生过程的细胞与亚细胞水平的生物学差别。另外，运用放射性同位素标记技术首次发现了这一形态发生过程的由基因控制的代谢障碍机制等。这一成果以论文《作物"三系"一些生物学特征的研究——关于胞质—胞核遗传因子控制的雄性不育性状发生机理的探讨》刊于 1976 年发行的《中国科学》"中国科学技术成就专刊（1）：65-73"，该成果是由李宝健和林月婵、刘振声、张景强、陈舜华、丘泉发、李藻发等人合作完成的。同期发表的论文还有李四光关于地质的研究、陈景润关于数学基础研究等重要成果。

李宝健等人的这一研究成果获得了第一次全国科学大会奖。

第二节　植物基因工程研究成果

第一项：大豆体细胞全能性配套培养技术研究

大豆的原产地是中国，但大豆是美国种植面积最大的农作物。20 世纪 80 年代以前，由美国科学家，后来更由美国、加拿大和德国的一流研究专家组成的一个协作组均努力想突破大豆体细胞全能性培养技术的难关，但在试用各种大豆种类及在不同阶段、不同部位取材，采用了多种培养基，经过近 10 年的攻关，均未获得体细胞全能性技术研究的突破，因而不少科学家认为"大豆体细胞已失去了全能性"。如果这一问题得不到解决，就无法建立大豆生物技术及对大豆进行分子水平的遗传基因改良。经李宝健的艰苦努力，这一难题终于获得解决。当时，康奈尔大学 Boyce Thompson Institute 还专门为此举办了全所庆祝茶话会，李宝健也为此获得该项目委托单位的优厚奖金。该研究完成于 1983 年至 1985 年之间，形成的论文 *Somatic embryogenesis and plantlet regeneration in the soybean Glycine max* 载于 1985 年出版的 *Plant Cell Report*，4：344-347。

中国科学院遗传研究所胡含研究员对李宝健在大豆体细胞研究所取得成果的鉴定意见

经全国一级科技查新单位（查新编号：01027）证实："在1985年前，除上述李宝健等人的论文外，全世界未发现有关大豆的体胚发生和成苗技术的研究文献报道。"

第二项：应用电激法等将外源基因转入植物基因组的研究

1985年，李宝健等人系统地探讨了电激仪的各种条件因子的配合，并首次应用电激法将外源基因成功地导入植物原生质体的基因组内，并应用这一技术在世界上首次获得转基因籼稻和小麦等，其结果见：*Plant Cell Reports*，1985，4：355-359 和 *Proc. international symposium* "Genetic manipulation in plant breeding" pp785-802。1985年出版的美国 *Science News* 第128期以"*Zapping DNA into plant cells*"为名在首页对他们的这一成果进行了报导，并指出："高伏的短脉冲直流电流可打开植物细胞的膜孔，从而可使外源基因进入细胞并整合到染色体上和成功地进行表达。"1985年8月18日出版的《中国科学报》以《中美科学家合作出硕果，植物遗传工作取得新进展》为题对该成果进行了报道，并指出：电激法能将任何基因直接导入植物细胞。1985年6月27日出版的康奈尔大学校报 *Cornell Chronicle* 以 *BTI Scientists Make Genetic Changes by Electric Shock* 为标题报导了他们的成就，并刊登了李宝健及他的合作者美国学者 William Langridge 教授的照片。

回国后，他与石和平等人合作研制了新型更高效的电激仪，并申请了"中山大学电激转移装置"的中国专利（专利申请号CN91105038.3），应用这一仪器成功地将外源基因导入多种植物细胞并获得多种转基因植物，如应用这一技术于1991年在国内外首次获得转基因籼稻植株（在技术层面，转基因籼稻比转基因粳稻的难度要大得多）。这一成果在国际水稻学术会议上报告时，引起大家的

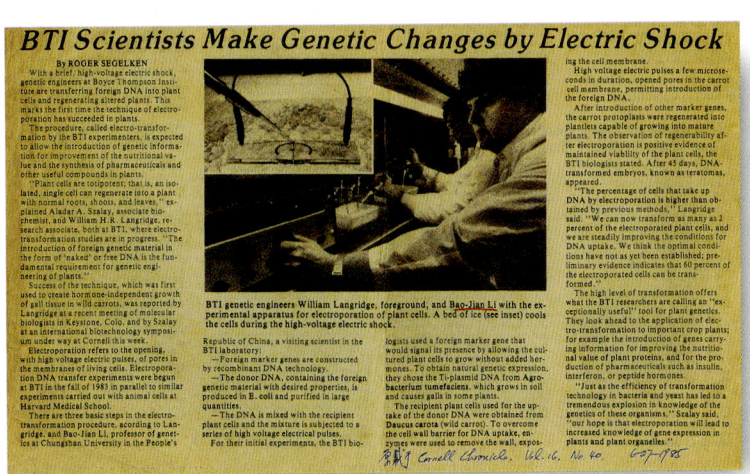

Cornell Chronicle 对李宝健科研成果的评价意见

中国农业科学院范云六研究员（现为中国工程院院士）对李宝健"电激法"研究成果的鉴定意见

1988年，科研成果"应用电激法转化外源基因于植物的研究"获得广东省自然科学奖一等奖

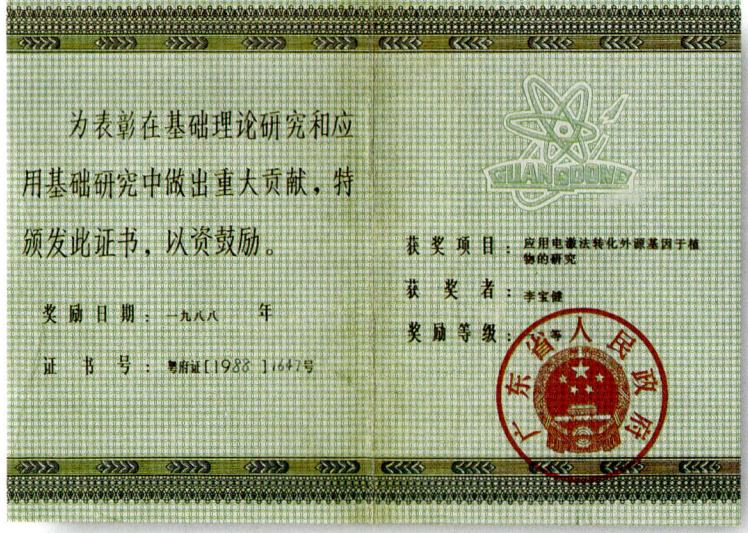

普遍关注（有中国工程院范云六院士的鉴定意见）。全国一级科技查新单位（查新报告编号01017）2000年12月28日也证实："1985年前国内还未发现有关应用电激法将外源基因导入植物的文献报道"，"在1985年9月之前，未见到国外有用电激法将外源基因转入植物中的文献报道"。

李宝健领导完成的中山大学自行研制的电击转移仪

此外，李宝健等人还建立和发展了高速粒子转化系统（基因枪）和聚焦激光导入系统技术，将外源基因导入玉米、大豆等植物的基因组。这些成果在1993年召开的"中国—欧共体转基因植物及其释放学术研讨会"上被选做第一个大会报告。欧共体代表团团长、德国国会议员、德国科学院植物病毒与生物化学研究所教授卡斯帕博士（Dr. Rudolf Casper）在听完李宝健的报告后称赞道："我很惊讶，没想到中国科学家在植物基因工程领域的研究如此之深、如此之广泛。"

这一成果获得广东省技术进步奖一等奖。

第三项：应用根癌农杆菌将外源基因转入单子叶植物的研究

李宝健等人研制并获得中国发明专利的基因枪，可以高效地将外源基因导入细胞基因组内

过去学术界曾认为，农杆菌介导的基因转化系统只适用于双子叶植物，不适宜于单子叶植物。李宝健于1984年至1985年间用微分干涉显微镜发现农杆菌可附着于双子叶细胞表面，但不能定向向单子叶细胞表面转移。后来他们证明，双子叶细胞伤流液中有启动农杆菌基因组Vir区的信号分子，这些分子在进行化学分析后证明是复合酚类化合物，包括AS（乙酰丁香酮）类物质。后来，李宝健、许耀、许东晖等人发现三种黄酮类物质均可诱导Vir区基因表达，因此，他们首次将农杆菌Vir表达的信

号分子（一定浓度）及水稻细胞等放在一起，在一定条件下共同培养，即可完成农杆菌介导的对水稻等单子叶植物的基因转化过程，从而于1989年1月成功地应用上述技术首次将外源基因导入籼稻细胞并得到整合和表达，后来进一步获得转基因籼稻植株及其后代，所转入的基因均获得表达和传代。他们关于通过农杆菌介导转基因转至籼稻基因组的研究成果的论文最早发表于1989年和1990年。至1993年，他们共发表这方面的论文16篇，均发表于《中国科学》

2000年10月，复旦大学沈大稜教授对关于农杆菌与单子叶植物分子生物学关系及应用农杆菌介导转化外源基因于单子叶植物研究成果的推荐意见

1992年10月，科技成果"农杆菌Ti质粒介导的外源基因的单子叶作物细胞的转化及其相互作用的分子细胞生物学的研究"获得广东省高等教育局一等奖

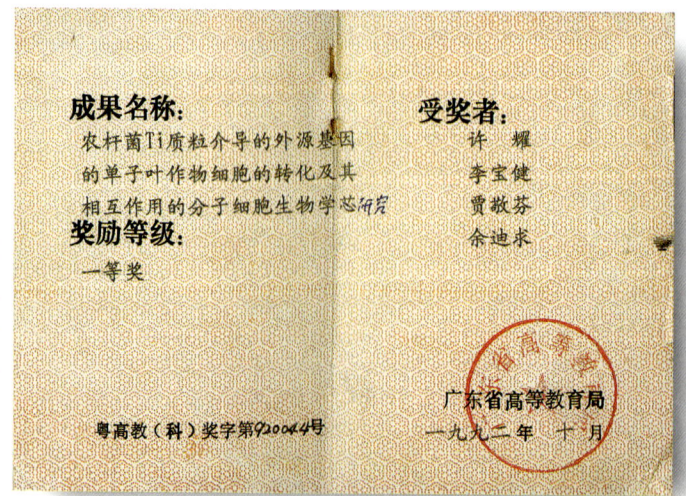

等中文杂志上。转基因籼稻的技术要远比转基因粳稻复杂,但无论在中国或世界的水稻种植区,大部分均以种籼稻为主,因此,李宝健等人选择以籼稻为主进行研究有更大的难度和现实意义。

1995年初,英国著名杂志 *New Scientist* 的一位主编打电话给李宝健,告诉他,日本烟草公司的科技人员 Hiei 等两人于1993年至1994年申请通过农杆菌介导将外源基因导入水稻的专利,并问李宝健对此有何意见。李宝健将他们的研究成果及通过农杆菌系统将外源基因成功转入水稻的第一篇论文在1991年就已经发表,并将在1993年至1994年前发表的有关论文合计16篇(均用中文发表的)寄给了该主编并附以简要的英文说明。

不久,在1995年12月16日出版的 *New Scientist* (2008:3-4)发表文章,指出因为中国科学家用中文发表他们的研究成果,因而往往"被西方科学家忽略"。此外,该杂志还发表了短评,指出:"中国人用中文发表他们重要的论文是无可非议的……看来今后西方科学家不得不拓宽他们的视野了。"2000年12月28日,全国一级科技查新单位(编号:01018)对此问题的查新结论为:"李宝健于1989年和1990年在《中国科学》杂志等发表了用农杆菌将外源基因导入籼稻的文献报导,但在1989年之前未见到国内外有用农杆菌将外源基因导入籼稻的文献报导。"

该成果于1992年获得广东省自然科学奖二等奖。

此外,李宝健所在的课题组还应用与上述基本相同的原理和技术,首次将外源基因转入小麦,有关论文发表在 *Cell Research*,1993,3(1):49-60。全国一级科技查新单位(查新编号:01021)给予的结论是"综上所述,……未发现1993年以前除本委托项目外有通过农杆菌介导将外源基因导入小麦,并提供了分子生物学证明的文献报导。"

李宝健等人还通过农杆菌介导成功地将外源基因导入其他几种单子叶植物。这些成果在1998年于杭州召开的中美生物技术学术交流会上得到肯定。

第四项:含外源基因的人工种子研制

1989年至1991年,李宝健领导的课题组应用苜蓿、木瓜等材料开展人工种子研究工作,他们在该领域取得了很大进展,成功地培养了大规模的、同步化的苜蓿等植物的体胚,经过人工种皮(由中山大学化学系老师研制)的包埋制成人工种子。经过两个月的贮藏,87%的人工种子可以萌发,其中有不少在土壤中可生长出正常植株。当将抗木瓜环斑花叶病的基因转化至体胚细胞,还可长出抗病的木瓜植株。他们与广州河南园艺场的职工合作种植这些种子,由人工培育长出了一小片每株植株形态都极为相似的抗病木瓜。

"人工种子"之父、美国加州大学 Toshio Marashige 教授于 1991 年 5 月 9 日至 11 日亲自来到中山大学，对该项目进行考察，并对李宝健实验室的人工种子研制工作做出评价："李宝健教授课题组在这方面研究工作的进展，清楚地表明：他们研究组在这方面的进展已明显地超过了其他国际实验室。他们的研究处于一个非常先进的水平（at a very advanced level）。"

该成果于 1993 年获得广东省科技进步奖。

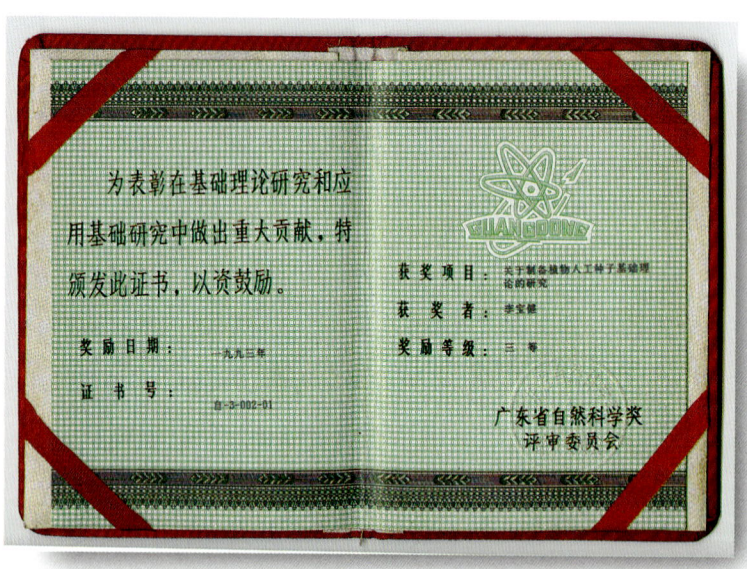

1993 年，科研成果"关于制备植物人工种子基础理论的研究"获得广东省自然科学奖三等奖

第三节　农业生物技术研究成果

第一项：应用多基因策略提高水稻对多种病虫害抗性的研究

近20年来，李宝健领导的课题组在应用多基因改良生物体遗传性的策略方面开展了大量开拓性工作，积累了丰富的经验。对这一方面工作的总结，将对农作物基因工程发展有着重要的启示作用。

通过与袁隆平院士、许新萍、朱华晨、林莉、冯道荣等博士合作，李宝健课题组首创多基因改良的基因工程配套技术，成功地得到了转化4～10个外源基因的转基因超级杂交稻亲本（包括 E32，9311，0293 和 P88S 在内），通过室

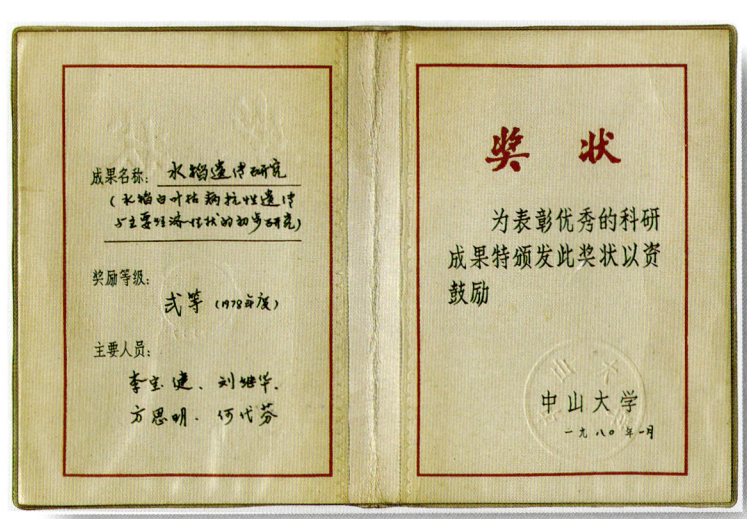

1980年1月，科研成果"水稻遗传研究"获得1978年度中山大学科技成果奖二等奖

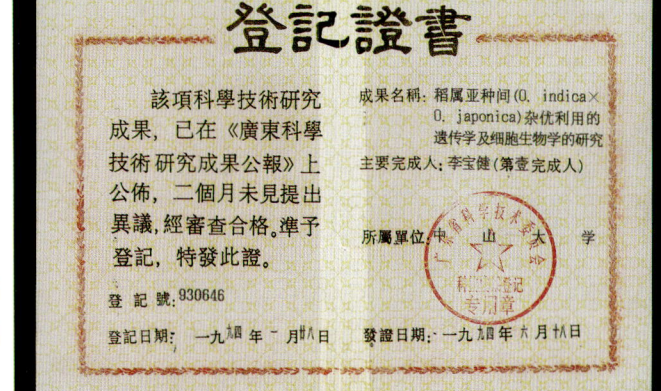

1994年6月，科研成果"稻属亚种间杂优利用的遗传学及细胞生物学的研究"准予登记

内人工接种和大田抗病虫生物学鉴定，选育出多个高抗稻瘟病，或同时高抗稻瘟病和纹枯病以及对白叶枯病、稻曲病、稻粒黑粉病、稻纵卷叶螟也同时具有一定抗性的纯系，而且应用上述转基因超级稻纯系亲本配制的F1代也表现出相应的抗病虫能力，这一研究成果得到了国际水稻遗传学大会的高度关注。论文发表在《中国科学》C辑（《生命科学》2006，36（4）：320-327）和 *PNAS*（2003，100（10）：5962-5967），全国一级科技查新单位（编号：01028）给予的结论是："综上所述，……仅发现李宝健等人发表获得同时抗稻瘟病又抗纹枯病的转基因水稻，另外又获得了同时含有多个抗病抗虫的水稻转基因后代水稻的文献报道。"

李宝健还在2004年发行的《中山大学学报》（自然科学版）上发表了《论应用多基因转化策略综合改良生物体遗传性研究方向的前景Ⅰ.多基因转化的基因来源与技术平台》和《论应用多基因转化策略综合改良生物体遗传性研究方向的前景Ⅱ.多基因转化策略中的规律、前景和问题》两篇总结性论文。在上述论文中指出："随着后基因组时代的到来，人类将克隆到越来越多的，生物学意义明确的有用基因应用于基因工程对生物体的遗传改良中。但生物体的绝大多数性状和生理功能都是依靠多基因的协调表达而实现的，因此，多基因转化策略必将成为今后基因工程在基础理论与实际应用研究中的主流方向。"李宝健教授的研究组通过近20年的努力在世界上率先成功地探索并建立了较为成熟的多基因转化的配套技术，又取得了如上所述的同时提高水稻（含超级稻）的对多种病虫害具抗性的成果。

第二项：能高密度抗木瓜环斑花叶病转基因木瓜的研究和应用

自20世纪60年代以来，木瓜环斑花叶病在我国大肆侵染栽培木瓜，使之严重减产，并威胁到木瓜种植业。李宝健领导的课题组自20世纪80年代以来开展了这方面的研究，于1991年与叶克难在 *Genetic Manipulation in Plants*（1991，7：60-66）发表了有关这方面的第一篇论文 *Genetic transformation of papaya*。同年，他们在《植物学报》（1991，33：565-568）发表了《番木瓜悬浮培养的体胚发生与植株再生》的论文，进一步奠定了转基因木瓜的技术基础。后来，该项目通过叶长明等人从PRV（番木瓜环斑病毒）身上克隆了PRV的复制酶基因，将此基因密码进行适当改造后，通过农杆菌介导法转化至木瓜栽培良种，并经分子鉴定证明PRV基因已整合于木瓜基因组。应用PRV病毒多次接种证明已成功获得高抗及免疫株系。田波院士主持的鉴定会评定该项目是"国内领先，部分内容达国际领先水平并且有巨大应用前景"。这一转基因木瓜在中国南方得到推广和应用，其在各地种植的表现均为高抗PRV，其抗性并可遗传至后代，在国际会议上被公认为"全球抗性最好的一种抗病木瓜"。后来，该课题组还为台湾宜兰农业科学研究所成功研制出高抗木瓜环斑花叶病的新品种，并得到推广应用。

该成果获广东省科技进步奖。

第三项：黑色食品作物资源与新品种选育及产业化利用研究

该项目自20世纪80年代初开始酝酿，当时李宝健兼任广东省农科院科学顾问，他认为，在20世纪70年代末，中国进入了改革开放的新时代，他与在广东省农科院工作的学生赖来展预感到：用不了多久，"足食"的情况即将到来，但营养品质的改良却普遍遭到忽视，而食物的营养品质对于广大民众的健康具有重要意义。因此，他们决定开展营养育种的研究，并促使以黑米、黑大豆为代表的高营养育种工作的成绩扩大到小麦、玉米，让黑色食品深入民心。

研究方向确定后，再经过一段时间的准备工作，包括种资资源的收集和确定、新的前期育种新技术的建立等，于1987年由李宝健领导申请到广东省科研项目，并由李宝健担任该项目的第一届和第二届负责人，在打下一定基础后，交由广东省农业科学院生物技术所负责人赖来展继续工作。经过数年努力，在水稻营养育种已取得显著成绩后，再交由赖来展的接班人张名位担任课题组长，继续扩大成果的开发和利用，并对有关理论进行深入研究。在研究过程中，李宝健和赖来展一直支持并指导这一研究成果。

这一项目经过20多年三代人的共同努力，特别是赖来展和张名位两位骨干领导的科研集体的积累得以完成。项目取得的科研成果包括：

李宝健（右二）与赖来展（右一）等育种专家一起在田间选育黑米新品种

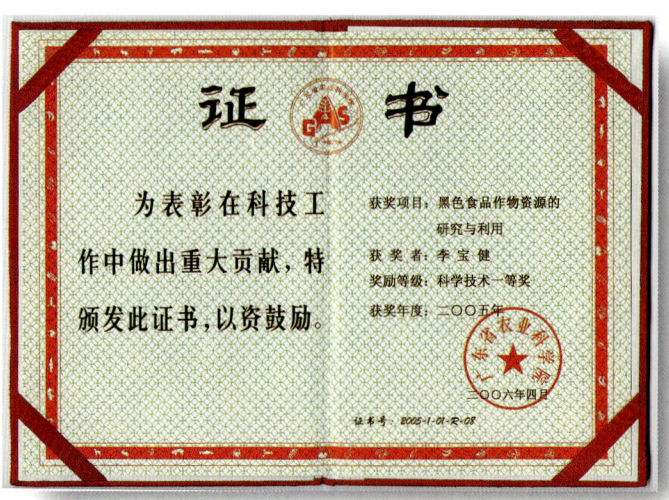

2006年4月，科研成果"黑色食品作物资源的研究与利用"获得广东省农业科学院科技一等奖

2007年7月，科研成果"黑色食品作物资源的研究与利用"获得2006年度广东省科学技术奖一等奖

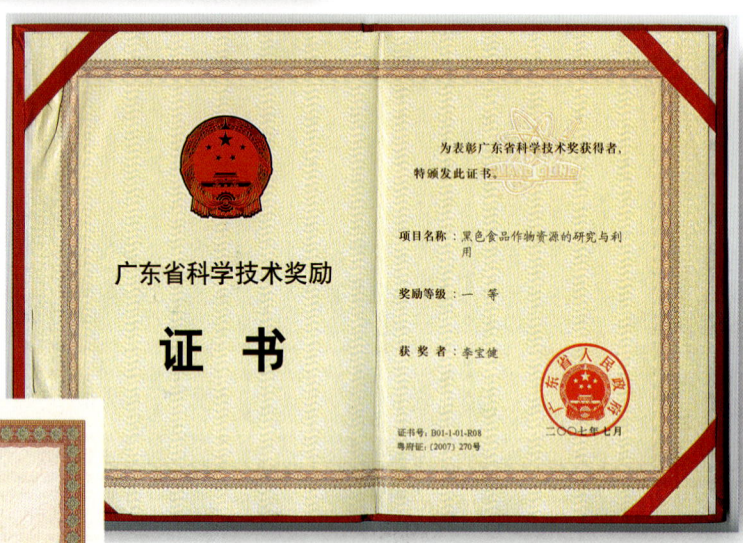

2008年12月，科研成果"黑色食品作物种质资源研究与新品种选育及产业化利用"获得国家科技进步奖二等奖

1. 通过系统的收集，建立了黑米的种质库，共计378份，占全国黑米种质总数的92%，世界的85%，并评价了这些资源的营养、生物活性物质等因素，建立了数据库，协助制定了国家《黑米》农业行业标准。

2. 率先明确黑米营养品质的遗传效应和遗传相关性。

3. 集成建立了创新的黑米高效育种技术体系，包括离体穗培养与杂交技术、幼胚挽救成苗技术、高营养野稻DNA花粉管导入转化技术等。

4. 培育出黑优占系列新品种，并在全国20个省市自治区加以大面积推广，克服了传统黑米产量低、抗病虫能力差的缺点，以及多为糯稻的局限性，黑优占以高产、优质、营养成分更加全面、生物活性物质含量高、抗性好等优点，累计推广达860万亩，总体创经济效益达40亿元至50亿元，对提高人们身体健康水平作出了贡献。

5. 在上述工作成绩的基础上，经农业部批准建立了国内唯一一个农业部黑色食品重点开放实验室，由该实验室牵头建立全国黑色食品协会，在学术上及产业上全面推动我国黑色食品的研制与发展，李宝健曾担任该协会的理事长和名誉理事长。

6. 该课题组还引领了黑色食品产业化发展，率先开展了多项黑色食品深加工的研究，创造了黑色食品多项关键加工技术，率先带动了全国黑色食品产业化发展，这促使近年全国黑色食品产值达到每年60亿元。

7. 通过系统研究，该课题组首次明确了黑米（含黑大豆）的生物学功能及作用机制，包括黑米中含有清除氧自由基抗氧化作用、降血脂和抗动脉粥样硬化作用以及抗衰老的作用的化学成分，并证实上述这些保健作用的化学物质是黑米和黑大豆中所含有的多种花色苷类、黄酮类和多酚类化合物，如锦葵素、天葵素 –3、5– 二葡萄糖苷等。

该研究成果发表多篇论文和专著，《人民日报》、《中国科学报》、美国 *Life* 等国内外40多家报纸、杂志近百次报导了该成果，成果总体达到国际先进水平。

该成果获得多项省、部级奖励，并在2008年获得国家科学技术进步奖二等奖。

第四节　医药生物技术研究成果

第一项：SARS 病毒药物研究

应用国际前沿的基于 RNAi（核糖核酸抑制）理论和国际先进的生物医药技术——siRNA（小分子核糖核酸技术），李宝健与钟南山院士、陆阳博士、程度博士等人合作，在广东省政府、广州市政府、黄埔区政府的支持下，依托广州拓谱基因公司，在既能够预防又能够杀灭实验恒河猴猴体内 SARS 病毒的特效药研制方面取得阶段性成果，这一成果也是具有突破性的，受到国内外生物医药界的广泛关注。

这一成果所形成的研究论文发表在英国出版的国际病毒学权威刊物 *Antiviral Therapy*（2004，9：365-374）和世界顶尖科学杂志 *Nature Medicine* 2005 年 9 月号（该刊物当年的 SCI 影响因子为 31.22，李宝健教授是该篇论文的第一作者）。*Nature Medicine* 对这项科研成果给予了很高的评价，在该杂志出版前举行的新闻发布会上，挑选出这篇论文专门予以评论，指出："这项工作对防治将来可能发生的冠状病毒暴发有着重要意义，而且标志着在应用 siRNA 技术进行新药开发领域中的一个重要贡献。"为此，广州拓谱基因公司还在广东省政府礼堂专门举行了隆重的新闻发布会，新华社、路透社、美联社等均报道了该项成果，并指出这是人类首次在灵长类高等哺乳动物恒河猴身上进行的 siRNA 试验并获得成功，对人类今后应用 siRNA 作为药物有很大的启示意义。

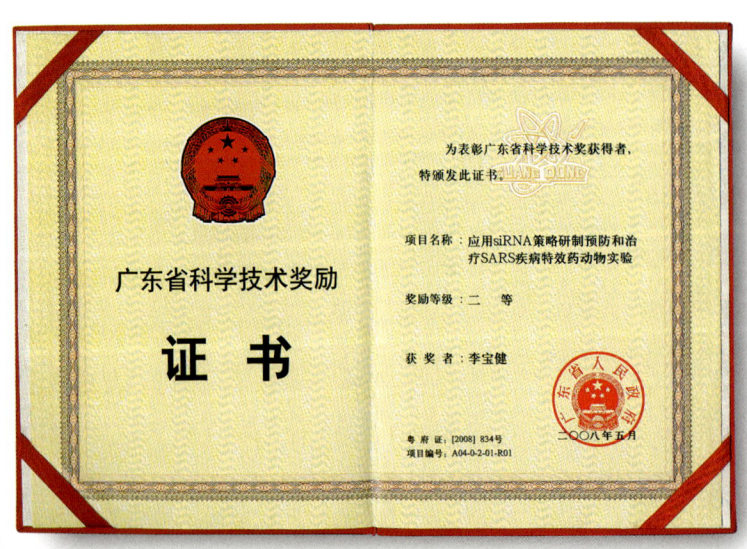

2008 年 5 月，科研成果"应用 siRNA 策略研制预防和治疗 SARS 疾病特效药动物实验"获得广东省科技奖二等奖

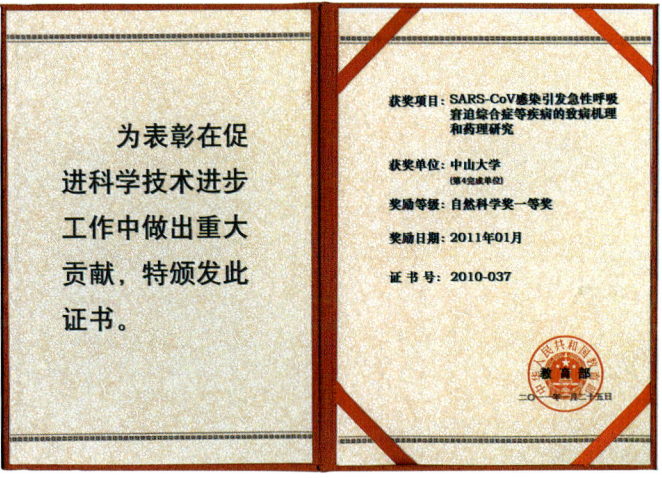

2011年1月，科研成果"SARS-CoV感染引发急性呼吸窘迫综合症等疾病的致病机理和药理研究"获得教育部自然科学奖一等奖

《南方都市报》对于通过药物喷雾防治SARS成果的报道

第五章 标志性科研成果

在 SARS 防治研究重大进展成果新闻发布会上，李宝健（右）回答记者提问

第二项：灵芝新品种选育及其现代化生产技术研究

通过与李刚等人合作，李宝健应用理化诱变等先进技术于灵芝品种选育，获得灵芝新品种灵健二号，并成功地应用大规模液体深层发酵技术（10吨罐，1998；18吨罐，1999），实现了批量生产灵芝。用10吨罐、18吨罐深层发酵生产灵芝是一个突破，这一生产技术掌握发酵培养基及各种参数使发酵生产的灵芝的主要药效成分及营养成分有所保证，并且质量较为稳定，生产周期较短（10天为一个周期），农药残留少，环境污染小。经上海市药品检验所、北京市营养源研究所的多次测定，应用液体培养法严格控制各种发酵条件的灵芝新品种中，灵芝多糖≥8%～10%，灵芝三萜类≥5%～7%，灵芝多肽≥16%～18%，蛋白质≥22.25%，氨基酸总和≥33.66%，此外还含有钙、铁、锌、铬等微量元素，在生产过程中所使用的水和空气均经过严格的过滤从而尽量避免了污染。

这一灵芝现代化菌种的选育及灵芝自动化、现代化液体工艺生产技术经全国一级科技查新单位完成的查新报告（编号：01020）结论为："本项目委托人李宝健等的中国发明专利，灵芝深层发酵工艺的规模分别为10吨和18吨，经检查对比，……未见到国内外有灵芝深层发表达到本委托项目规模的文献报道。"这一成果获得"北京第七届中国专利博览会金奖"和"上海市新发明奖一等奖"。

与合作者在自动化灵芝生产车间内合影

第三项：超级细菌研究

李宝健领导的课题组应用自行设计的 siRNA 对抑制和杀死耐药性细菌的双链小分子干扰核酸及其组合进行了研究。自从 20 世纪 60 年代首次发现耐甲氧西林的金黄色葡萄球菌（methicillin-resistant *Staphylococcus aureus*，MRSA）以来，这类细菌已在环境中广泛存在，几乎遍及全球。过去一般用万古霉素来治疗 MRSA，但近年来又发现出现耐万古霉素的 MRSA，人类将有可能失去对 MRSA 为代表的感染性病菌的"最后一道防线"。

经过十分艰苦的努力探索和无数次的失败，在李宝健及其学生朱华晨等人的坚持下，终于成功地研制出了能抑制和杀死 MRSA 的 siRNA，申请并获得了中国发明专利"用于抑制和杀灭耐药性细菌的双链小分子干扰核酸及其组合"（中国发明专利号：ZL200710032458-5），他们还明确地提出了小分子 RNA 未来应用的药物将是多条性的和动态性的，通过这种方法还将有可能应付今后细菌可能进行的不断耐药性突变的情况。

第五章 标志性科研成果

第六章

成 果 年 表

1989 年参加全国劳模和先进工作者大会

第一节 奖励奖项

李宝健从事科学研究和教育事业 50 多年来，共获得包括全国教育系统劳动模范、国家科技进步奖二等奖等 5 项国家级奖励，获得省部级、市校级奖励数十项，总结列表如下：

参加全国劳模大会广东省代表团成员合影（右一为李宝健）

全国先进工作者证书

第六章 成果年表

一、国家级奖励

序号	获奖名称	获奖等级	获奖时间	授奖单位
1	农作物杂种优势理论研究	全国科学大会奖	1978年	国务院
2	有突出贡献的中青年专家	—	1988年	国家人事部
3	全国先进工作者	—	1989年	国务院
4	全国教育系统劳动模范并授予人民教师奖章	—	1989年	国家教委 国家人事部 中国教育工会
5	黑色食品作物种质资源研究与新品种选育及产业化利用	国家科技进步奖二等奖	2008年	国务院

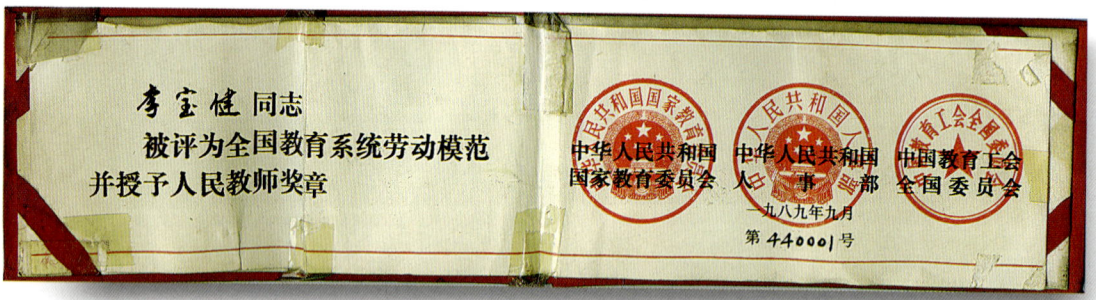

1989年9月，被评为全国教育系统劳动模范

国家中青年有突出贡献专家证书

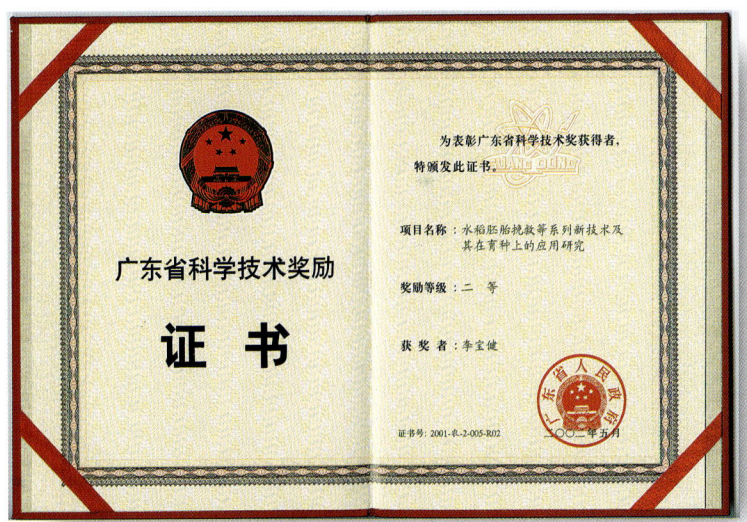

2002年5月，科研成果"水稻胚胎挽救等系列新技术及其在育种上的应用研究"获得广东省科学技术奖二等奖

2009年五一劳动节前，广东省人大常委会副主任、省总工会主席邓维龙（左五）率队慰问李宝健（左六）等全国劳模。中山大学党委书记郑德涛（右二）等领导参与慰问

二、省部级奖励

序号	获奖名称	获奖等级	获奖时间	授奖单位
1	水稻"三系"杂种优势利用研究	广东省科学大会奖	1979年	广东省人民政府
2	应用电激法转化外源基因于植物的研究	广东省自然科学奖一等奖	1988年	广东省人民政府
3	黑优粘选育和推广及其深加工	轻工业部科技奖等7项	1988年至1994年	轻工业部等7家单位
4	立功证书	升薪一级	1990年	广东省人民政府
5	全国高校先进科技工作者	—	1990年	国家教委 国家科委
6	植物基因转化系列新技术的研究	国家教委科技进步奖三等奖	1990年	国家教委

第六章 成果年表

续上表

序号	获奖名称	获奖等级	获奖时间	授奖单位
7	农杆菌 Ti 质粒介导的外源基因对单子叶作物的转化及其相互作用的分子生物学研究	广东省自然科学奖二等奖	1992年	广东省人民政府
8	关于制备人工种子基础理论的研究	广东省自然科学奖三等奖	1993年	广东省自然科学奖评审委员会
9	稻属亚种间（$O.\ indica \times O.\ japonica$）杂优利用的遗传学及细胞生物学的研究	广东省科技进步奖三等奖	1994年	广东省科委
10	特种稻黑优粘的选育及推广应用	陕西省科技进步奖三等奖	1995年	陕西省人民政府
11	灵芝18吨罐发酵工艺	上海市优秀发明一等奖	1999年	上海市总工会 上海市科委等
12	特种稻米品质性状的评价体系	湖北省科技进步奖三等奖	2001年	湖北省人民政府
13	水稻胚胎挽救等系列新技术及其在育种上的应用研究	广东省科学技术奖二等奖	2002年	广东省人民政府
14	黑色食品作物资源的研究与利用	广东省科学技术奖一等奖	2006年	广东省人民政府
15	应用 siRNA 策略研究预防和治疗 SARA 疾病特效药动物实验	广东省科学技术奖二等奖	2008年	广东省人民政府
16	SARS-cov 感染引发急性呼吸窘迫综合症等疾病的致病机理和药理研究	教育部自然科学奖一等奖	2011年	教育部

1990年12月，被授予全国高校先进科技工作者称号

三、校级及其他奖励

李宝健还获得多项校级及其他奖励,在此不一一罗列。

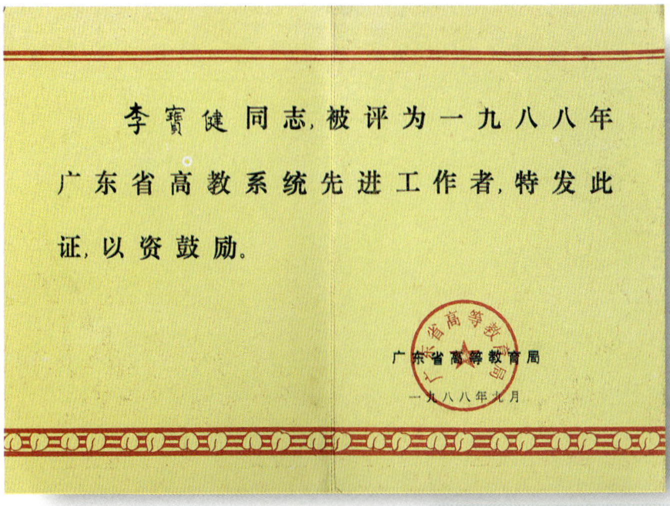

1988年7月,获得广东省高教系统先进工作者称号

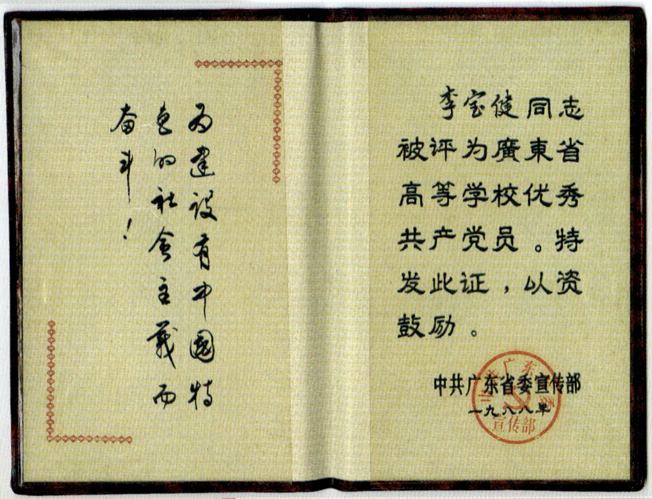

1988年,被评为广东省高校优秀共产党员

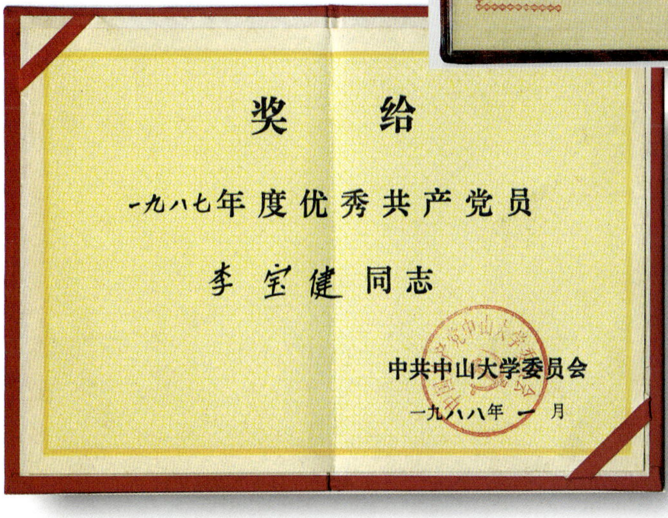

1987年获得中山大学优秀共产党员称号

1988年9月，由于1987年度工作成绩显著而获得中山大学通报表扬及物质奖励

李
宝
健
传

1998年9月，由于在科技工作中取得显著成绩而被评为1992年1月至1997年6月中山大学先进科技工作者

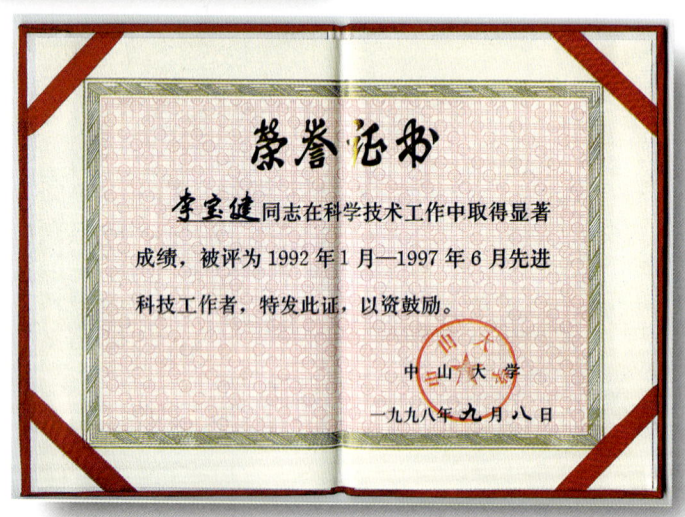

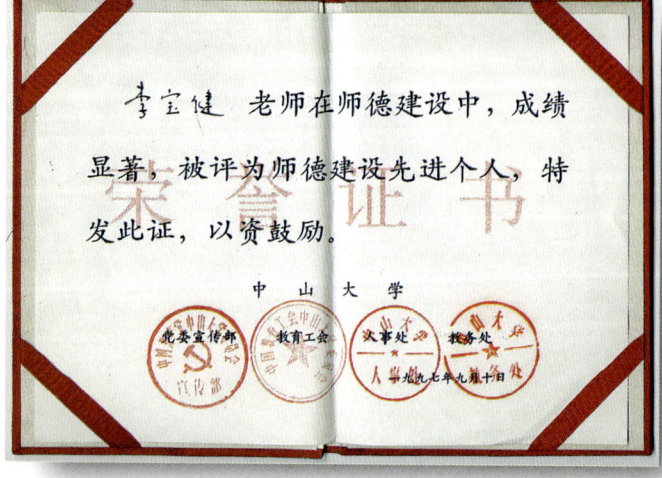

1997年9月，被评为中山大学师德建设先进个人

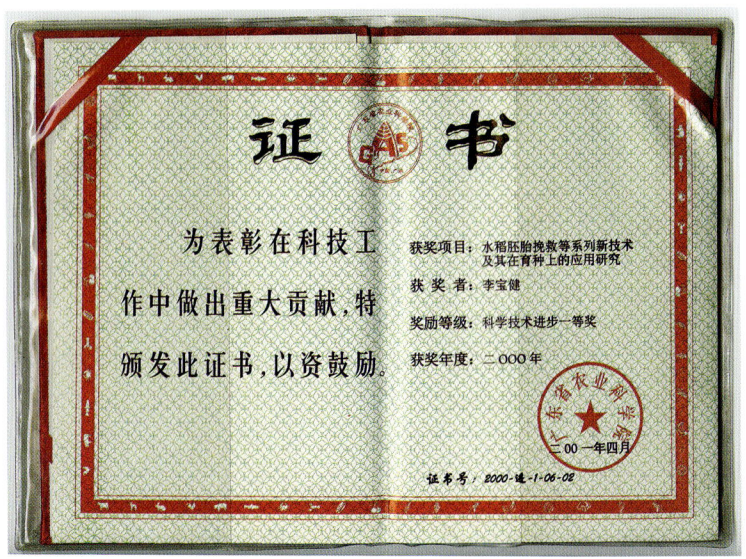

2001年4月,科研成果"水稻胚胎挽救等系列新技术及其在育种上的应用研究"获得2000年广东省农业科学院科技进步奖一等奖

第二节 发 明 专 利

李宝健及其领导的课题组共获得 20 余项发明专利。包括：

1. 基因转移细胞融合装置，93121151.4，石和平、李宝健。
2. 电激基因转移装置，91105038.8，石和平、李宝健。
3. 灵芝 10 吨罐发酵工艺，EL98113108.5，李宝健、黎泉深、李刚。
4. 灰树花大规模液体深层发酵工艺，01129714.X，李宝健、徐志祥。
5. 姬松茸大规模液体深层发酵工艺，01129715.8，李宝健、徐志祥。
6. 农杆菌介导外源基因转化灵芝的方法，01129745.X，李宝健、程度。
7. 灵芝发酵工艺及灵芝产品，991307.1，李宝健、李刚。
8. 人组织型纤溶酶原激活剂多位点突变体，03113871.3，李宝健、刘军波、陆阳、王强。
9. 用农杆菌介导外源基因转化水稻的方法，95119076.8，许东晖、李宝健。
10. 灵芝 18 吨罐发酵工艺，99113515.6，李宝健、李刚。
11. 一种将外源基因转入灵芝的方法，01129744.1，李刚、李宝健。

2002 年，参加第四届中国国际高新技术成果开幕式

12. 外源基因转化螺旋藻的方法，97108981.7，李宝健、曹吉祥、徐增富、邱国华。

13. 适于在丝状真菌中表达的重组甜蛋白及其生产方法，02114997.6，李宝健、程度。

14. 用于疾病治疗的多靶点鸡尾酒双链小干扰 RNA 及其制备方法，200710032647.2, 李宝健、陆阳、程度。

15. 用于抑制和杀耐药性的双链小分子干扰核糖核酸及其组合，200710032458.5, 李宝健。

16. 一种新型靶向的、具有 siRNA 导入功能的融合蛋白，200610132354.7, 王强、李宝健、陆春。

17. Combinational use of multiple siRNA Duplexes for Treatment of Human diseases siRNA oligo cock Tail for Treatment of Cancer, Infectious and inflammatory of diseases，美国专利，U.S. Aplication NO: 60/541,766, Bao Jian Li（李宝健）为第一发明人，共 4 人。

18. Combinational use of multiple siRNA Duplexes for Treatment of Human diseases siRNA oligo cock Tail for Treatment of Cancer, Infectious and inflammatory of diseases,国际专利，International patent Aplication NO: pct/us2005/003858, Bao Jian Li（李宝健）为第一发明人，共 4 人。

19. 用于治疗病毒性乙型肝炎的靶向小干扰 RNA 及其制备方法，ZL200410051561.0, 程度、李宝健。

20. 用于预防或治疗丙型肝炎的靶向小干扰 RNA 及其制备方法，ZL200410051562.5, 程度、李宝健。

21. 用于体内预防或治疗呼吸系统疾病的小干扰 RNA 及其制备方法，CN200410027397.X, 李宝健、陆阳、唐清泉。

第三节 论著论文

李宝健共出版学术专著 3 部,发表论文近 300 篇,其中部分论文在学术界产生较大影响。

一、出版论著

1. 李宝健,祁祖白. 水稻育种的遗传学原理. 广州:广东科技出版社,1985.

2. 李宝健,曾庆平. 植物生物技术原理与方法. 长沙:湖南科学技术出版社,1990.

3. 李宝健. 面向 21 世纪生命科学发展前沿. 广州:广东科技出版社,1996.

二、发表论文(部分)

第一部分 外文期刊

序号	作者姓名	论文名称	发表刊物	发表时间
1	Li G, Li R X, Liu Q Y, Wang Q, Chen M, Li B J	A highly efficient polyethylene glycol-mediated transformation method for mushrooms	FEMS Microbiology Letters, 256(2): 203-208	2006
2	Li B J, Tang Q, Cheng D, Qin C, Xie F Y, Wei Q, Xu J, Liu Y, Zheng B J, Woodle M C, Zhong N, Lu PY	Using siRNA in prophylactic and therapeutic regimens against SARS coronavirus in *Rhesus macaque*	Nature Medicine, 11, 944-951	2005
3	He R, Luo X, Wang Q, Zhang Y, Liu Q Y, Li G, Cui L, Wang Z X, Cao Y, Li Z J, Cheng D, Zhang W Q, Li B J, Pang Y	Rapid and efficient generation of PCR templates from Escherichia coli, *Saccharomyces cerevisiae* and *Oryza sativa* using a microwave and by boiling	Journal of Rapid Methods and Automation in Microbiology, 13(1): 19-28	2005

续上表

序号	作者姓名	论文名称	发表刊物	发表时间
4	Zheng B J, Guan Y, Tang Q Q, Cheng D, Xie F Y, He M L, Chan K W, Wong K L, Lader E, Woodle M C, Lu P Y, Li B J, Zhong N S	Prophylactic and therapeutic effects of small interfering RNA targeting SARS-coronavirus	Antiviral Therapy, 9: 365-374	2004
5	Lin L, Liu Y G, Xu X P, Li B J	Efficient linking and transfer of multiple genes by a multigene assembly and transformation vector system	PNAS, 100 (10): 5962-5967	2003
6	Feng D R, Xu X P, Qiu G H, Li B J	Inheritance and expression of multiple disease and insect resistance genes in transgenic rice	Chinese Science Bulletin, 46(2): 101-106	2001
7	Cao J X, Liang D, Xu Z F, Qiu G H, Li B J, Vanshaka	Physico-chemical parameters influencing DNAse activity of the cyanobacterium spiralna platensis	Microbiological Research, 155(1): 59-63	2000
8	Cao J X, Eensu Lu, Qiu G H, Li B J	Studies on the sensitivity of pirulina platensis to antibiotics and herbicide relationship with selectable markers for genetic transformation	Bioresource Technology, (70): 89-93	1999
9	Yin Z C, Yang F, Xu Y, Li B J	Obtaining transgenic Rice plants and their progenies using *Agrobacterium tumefaiens*	Journal of Genetics, 26 (1): 68-73	1999
10	Cao J, Xu Z, Qu G, Li B J	Effects of Mg^{2+} on the growth and DNase activity of Spirulina platensis, a cyanobacterium	Bioresource Technology. 67(3): 287-290	1999

续上表

序号	作者姓名	论文名称	发表刊物	发表时间
11	Xu X P, Li B J, et al.	Enhancing the resistance rice to insect pests through transfer of insecticidal genes	Proc.6th PRBCB.P.132.	1998
12	Huang Y, Xu X P, Li B J	Improved green fluorescent protein as a fast reporter of gene expression in plant cell	Biotechnology Techniques,11(2): 133–136	1997
13	Xu Z, Cao J, Liu X, Qiu G, Li B J	A simple and efficient protocol for Isolation of high molecular weight DNA from the cyanobacterium spirulina Platensis	Biotechnology Techniques, 11(9): 631–632	1997
14	Li B J, Ray W, Fan Y L, et al.	Production and field evaluation of insect-resistant progenies of fertile transgenic maize harboring a bar gene & a CryI B.t. gene	The Second Asia–Pacific Society of Bioscientists Symposium & Workshop 8–11, July, Hong Kong, 特邀报告	1996
15	Xu D H, Li B J, Liu Y, Huang Z S	Identification of rice (*Oryza sativa* L.) signal factors capable of inducing *vir* gene expression	Science in China (Series C), 39(1): 8–16	1996
16	Ke X Y, Zhang X W, Shi H P, Li B J	Electroporation of immature maize zygotic embryos and regeneration of transgenic plants	Transgenic Research,5: 219–221	1996
17	Xu X P, Shi H P, Li B J	Transgenic Indica rice plants by electroporation of seed embryo cells	In Gene Transfer to Plants: Springer Lab Manual. eds. Potrykus I, Spangenberg G. Berlin: Springer–Verlay: 201–207	1995
18	Li B J, et al.	The study on rice transformation systems	Third International Rice Genetics Symposium, 16–20, Oct.	1995

续上表

序号	作者姓名	论文名称	发表刊物	发表时间
19	Li B J, et al.	The primary study of transformation of foreign genes into onocotyledonou plants through agrobacterium-mediated system	Congress on New Breeding technologies of UN.I-AEA-SH-340/086P' Vienna	1995
20	Yu D Q, Li B J	High frequency adventitious shoot regeneration from hypocotyl ezplants in *Antirrhinum majus*	Developmental & Reproductive Biology, 4(2): 30-38	1995
21	Yu D Q, He P G, Shen Y N, Li B J	Tissue culture and gene transformation of *Antirrhinum majus*	VIII International Congress of Plant Tissue and Cell Culture Italy (Firenze)	1994
22	Xu X P, Li B J	Fertile transgenic indica rice plants obtained by electroporation of the seed embyo cells	Plant Cell Reports, 13: 237-242	1994
23	Li B J, Yin Z C, Xu Y	The study of production transgenic plants of indica rice cv. IR36 via agrobacterium-mediated transformation	Sixty annual Meeting of the International Program on Rice Biotechnology p. 68.Feb.1-5, 1993, Thailand	1993
24	Xu Y, Bu W W, Li B J	Metobolic factors capable of inducing agrobacterium *vir* genes expression are present in rice (*Oryza sativa* L)	Plant Cell Reports, 12: 160-164	1993
25	Xu Z F, Li B J, Lai L Z	Comparison of seed storage protein between ordinary and purple rice	Chinese J. Bot. 5:6-10	1993
26	Xu Y, Li B J, et al.	A novel system for *Agrobacterium* mediated transformation of wheat (*Triticum aestivum* L.) cell	Cell Research, 3 (1): 49-60	1993

续上表

序号	作者姓名	论文名称	发表刊物	发表时间
27	Ye K N, Huang J C, Li B J	Hybrid papaya artificial seed production for experimental field	Biotechnology Agri, 411-413	1993
28	Xu Y, Li B J, et al.	Regulation of agrobacterium vir gene expression by metabolites from monocotyledonous and dicotyledonous plants	Acta Genet. Scin, 2: 48-57	1992
29	Xu Y, Li B J, et al.	A new approach to agrobacterium mediated transformation of wheat and millet cells and some molecular and cellular aspects of T-DNA transferring process	Agricultural Biotechnology, pp23-27	1992
30	Li B J, Xue Z Y, Xu Y	Studies on introduction of foreign genes into cultured cell of *oryza* indica using agrobacterium Ti plasmid system	China Science, 34 (1): 54-61	1991
31	Ye K N, Ma L, Li B J	Genetic transformaling of papaya	Genetic Manipulation in Plants, 7:60-66	1991
32	Li B J, Xu Y, Xu X P	A few potential techniques for transfer foreign genes into some crop plants	Fifth annual Metting of the International Program on Rice Biotechnology	1991
33	Li B J, Wu M	Transformation of foreign genes into the monocotyledonous plant caladium bicolor mediated by constructed Ti-plasmid of *Agrobacterium tumfaciens*	Chinese Science Bulletin, 35(1): 52-55	1990
34	Li B J, Ouyang X Z, Xu Y	Studies on the introduction of the foreign genes into cultured cells of *Oryza sativa* indica using *Agrobacterium* Ti plasmid system	Fourth Annual Meeting of International program of Rice Biotechnology, p56	1990

续上表

序号	作者姓名	论文名称	发表刊物	发表时间
35	Xu Y, Li B J, Ouyang X Z	Scanning electron microscope observations of *Agrobacterium tumefaciens* attechment to wheat, rice cells and transformation by foreign gene	SCBA, The Third International Symposium and Workshop, pp106–111	1990
36	Li B J, Lai L Z	Thestudy on the breeding of "Black Super Rice" by using biotechniques	Proc of the 6th International Congress of SABRAO. pp289–290	1989
37	Langridge H R, Li B J, Szalay A A	Uptake of DNA and RNA into plant cells mediated by electroporation	Methods in Enzymolgy, 153: 336–350	1987
38	Li B J, Langridge H R, Szalay A A	Somatic embryogenesis and plantlet regeneration in the soybean glycine max	Plant Cell Reports, 4: 344–347	1985
39	Langridge H R, Li B J, Szalay A A	Elictric field mediated transfer of nucleic acids into carrot protoplast	Proc. international sympossum "Genetic manipulation in plant breeding", pp785–802	1985
40	Langridge H R, Li B J, Szalay A A	Electric field mediated stable transformation of carrot protoplasts with naked DNA	Plant Cell Reports, 4: 355–359	1985
41	Li B J	A study on the response of cells to some physictors, cell damage and toxıology	European J. Cell Biology, 22:560	1980

第二部分　中文期刊

序号	作者姓名	论文名称	发表刊物	发表时间
1	肖建勇，谭宇惠，李刚，李宝健	LZ-8基因克隆及其在毕赤酵母中的诱导表达	广州中医药大学学报，29（1）：66-69	2012
2	邓力华，于元杰，李宝健，肖国樱	Epsps基因为筛选标记的多基因抗虫表达载体构建	生物技术，18（1）：9-13	2008
3	朱华晨，许新萍，肖国樱，袁隆平，李宝健	利用四价抗病基因提高超级杂交稻的抗性	中国科学C辑：生命科学，36（4）：320-327	2006
4	张燕娟，袁红旭，张建中，郭建夫，李宝健	转基因水稻抗纹枯病性的杂种优势与配合力	西南农业大学学报（自然科学版），27（3）：356-360	2005
5	李宝健，朱华晨	论应用多基因转化策略综合改良生物体遗传性研究方向的前景 Ⅱ.多基因转化策略中的规律、前景和问题	中山大学学报（自然科学版），44（4）：79-83	2005
6	张擎，胡质毅，王荃，张弛，李宝健	灵芝菌丝体碱提多糖对小鼠细胞免疫的作用	中山大学学报（自然科学版），44（5）：79-83	2005
7	袁红旭，许新萍，张建中，郭建夫，李宝健	转几丁质酶基因（RC24）水稻中大2号抗纹枯病特性研究	中国水稻科学，18（1）：39-42	2004
8	李宝健，朱华晨	展望21世纪的农业生物技术——后基因组时代的农业生物技术	中山大学学报（自然科学版），43（1）：1-8	2004
9	朱华晨，许新萍，李宝健	一种简捷的Southern印迹杂交方法	中山大学学报（自然科学版），43(4)：128-130	2004
10	王强,刘秋云,李刚,李宝健	一种方便、无PCR过程的DNA shuffling方法	科学通报,49（5）：448-450	2004
11	张颖，赫然，崔亮，王智学，刘秋云，李宝健	一个新的粗糙脉孢霉基因组DNA制备方法	生物技术,14(5)：37	2004
12	李宝健，朱华晨	论应用多基因转化策略综合改良生物体遗传性研究方向的前景 I.多基因的转化的基因来源与技术平台	中山大学学报（自然科学版),43(6)：11-15	2004

续上表

序号	作者姓名	论文名称	发表刊物	发表时间
13	李宝健，朱华晨	论应用多基因转化策略综合改良生物体遗传性研究方向的前景Ⅱ.多基因转化策略中的规律前景和问题	中山大学学报（自然科学版），44(4)：79-83	2004
14	赫然，张颖，王强，李刚，王智学，崔亮，刘秋云，李宝健	利用微波炉和煮沸法快速制备大肠杆菌基因组 DNA PCR 模板	中山大学学报（自然科学版），43(增刊)：80-81	2004
15	张颖，赫然，罗樨，唐浩，唐超群，刘秋云，李宝健	利用微波炉高通量制备大肠杆菌质粒	微生物学杂志，24(2)：50	2004
16	李刚，王强，刘秋云，李宝健	利用 PEG 法建立药用真菌灵芝的转化系统	菌物学报，23(2)：255-261	2004
17	徐志祥，程度，李宝健	灰树花总 DNA 的制备及基因组文库的构建	遗传，26(5)：711-713	2004
18	徐志祥，李刚，李宝健	灰树花紫外诱变育种研究	中山大学学报（自然科学版），43(2)：84-87	2004
19	徐志祥，李刚，王震宇，李宝健	灰树花海藻糖合成酶基因的克隆及其在大肠杆菌中的表达	微生物学报，44(4)：540-542	2004
20	王强，李刚，李宝健	SARS 冠状病毒基因组全序列二碱基指纹分析	病毒学报，20(1)：79-80	2004
21	李宝健，刘秋云，李刚，何康泽	21 世纪医学主要进展的预测——以人类后基因组研究为主要特征的医学革命时代	中山大学学报，43(2)：97-102	2004
22	李爱宏，许新萍，陈宗祥，李宝健，张洪熙，潘学彪	转基因株系及不同水稻品种的几丁质酶活力及纹枯病抗性	作物学报，29(4)：520-524	2003
23	李爱宏，许薪萍，戴正元，陈宗祥，李宝健，张洪熙，潘学彪	转基因水稻株系的纹枯病抗性分析	中国水稻科学，17(4)：302-306	2003
24	杨祁云，许新萍，朱小源，冯道荣，李宝健	转基因水稻对稻瘟病的抗性研究	植物病理学报，33(2)：162-166	2003

续上表

序号	作者姓名	论文名称	发表刊物	发表时间
25	刘宗华，汤继华，李宝健，范云六，李桂玲，季良越，陈伟程	玉米转 Bt 基因自交系的抗玉米螟特性鉴定初报	作物学报，29(4)：621-625	2003
26	李桂英，许新萍，李宝健，幸亨泰，盛国英，傅家谟	水稻抗虫基因工程研究新进展	中国稻米，(4)：12-15	2003
27	李刚，程度，李宝健，唐清泉，陆阳	利用高效 $CaCl_2$ 转化法实现质粒的共转化	生物技术，13(6)：31-33	2003
28	杨毓峰，袁红旭，刘月廉，许新萍，李宝健	转几丁质酶基因水稻根系微生物群落分析	中国生态农业学报，10(2)：29-31	2002
29	范钦，许新萍，黄小乐，李宝健	早籼稻培矮 64S 愈伤组织形成及植株再生	西北植物学报，22(6)：1469-1473	2002
30	程度，黄翔宇，李宝健	药用真菌高质量总 DNA 的制备及基因组文库的构建	菌物系统，21(1)：137-139	2002
31	贺竹梅，李华平，陈谷，黄定华，李志芳，刘荣维，李宝健	线粒体定位序列介导的绿色荧光蛋白基因在烟草中表达的分析	中山大学学报（自然科学版），41(3)：48-51	2002
32	徐志祥，赫然，李宝健	均匀设计法优化灰树花深层培养基配方	生物技术，12(1)：13-14	2002
33	罗榫，刘秋云，何康泽，赫然，李宝健	酵母基因组 DNA 的两个简易制备方法	微生物学杂志，22(1)：59	2002
34	黄翔宇，程度，黄科，李宝健	姬松茸菌丝体与子实体多糖的提取及含量的比较	广东药学，12(3)：2-4	2002
35	徐志祥，赫然，程度，李宝健	灰树花发酵工艺及培养基研究	微生物学杂志，22(1)：9-11	2002
36	王强，刘秋云，李宝健	发现新基因的高效方法——cDNA 文库的复性式均一化技术	遗传，24(3)：325-328	2002
37	范钦，许新萍，李宝健	多个抗虫基因转化水稻两用系培矮 -64S	实验生物学报，35(1)：42-46	2002
38	袁红旭，许新萍，郭建夫，张建中，李宝健	转基因水稻"竹转 68"病害发生风险的初步研究	湛江海洋大学学报，21(4)：52-56	2001

续上表

序号	作者姓名	论文名称	发表刊物	发表时间
39	冯道荣,许新萍,李宝健	转多基因水稻植株的获得	植物生理学报,27(4):331-336	2001
40	李刚,杨凡,李瑞雪,徐志祥,李宝健	原生质体紫外诱变选育灵芝新菌种的研究	微生物学报,41(2):229-233	2001
41	李刚,李宝健	一种简单高效提取食用菌DNA的方法	中山大学学报（自然科学版）,39(Z2):56	2001
42	刘秋云,罗槿,赫然,李宝健	一种粗糙脉孢霉基因组DNA的快速制备方法	生物技术,11(2):38-38	2001
43	罗槿,刘秋云,赫然,李宝健	利用微波炉快速制备酵母质粒和基因组DNA PCR模板	生物技术通讯,12(2):116	2001
44	刘秋云,罗槿,何康泽,李宝健	快速制备酵母质粒和基因组DNA PCR模板	微生物学通报,28(5):77-80	2001
45	左清凡,张建中,袁红旭,许新萍,李宝健	抗稻瘟病转基因水稻竹转68的选育	杂交水稻,16(1):10-11	2001
46	许新萍,陈金婷,张建中,杨祁云,李宝健	抗稻瘟病和纹枯病的转基因水稻新品系	中山大学学报（自然科学版）,40(3):131-132	2001
47	彭志强,贺竹梅,俞守义,余迪求,李宝健	霍乱肠毒素B亚单位在转基因番茄中表达的研究	生命科学研究,5(3):259-264	2001
48	冯道荣,许新萍,范钦,李宝健,雷财林,凌忠专	获得抗稻瘟病和纹枯病的转多基因水稻	作物学报,27(3):293-300	2001
49	冯道荣,邱国华,许新萍,刘秋云,李宝健	多基因植物表达载体的构建	西北植物学报,21(4):609-614	2001
50	刘秋云,罗槿,蒋一帆,何康泽,李宝健	粗糙脉孢霉arg-13 cDNA能互补酿酒酵母arg11突变株	中山大学学报（自然科学版）,40(6):55-58	2001
51	于湄,叶长明,李宝健	PRV外壳蛋白基因转化番木瓜的研究	佛山科学技术学院学报（自然科学版）,19（1）:59-61	2001
52	冯道荣,李宝健	转多基因水稻植株的获得	植物生理学报,27（4）:331-336	2000

续上表

序号	作者姓名	论文名称	发表刊物	发表时间
53	范钦,邱国华,许新萍,李宝健	植物表达载体 pKC-3 的构建及大分子 DNA 连接策略	生物技术,10(4):1-3	2000
54	李宝健	展望 21 世纪的生命科学	生命科学,12(1):37-40	2000
55	卫剑文,许新萍,李宝健	用于转基因植株检测的 DNA 快速微量提取方法	中山大学学报(自然科学版),39(Z2):52	2000
56	卫剑文,许新萍,陈金婷,张良佑,范云六,李宝健	应用 B.t.和 SBTi 基因提高水稻抗虫性的研究	生物工程学报,16(5):603-608	2000
57	李刚,李宝健	一种简单高效提取食用菌总 DNA 的方法	中山大学学报(自然科学版),39(Z2):56-58	2000
58	李宝健	生命科学及植物分子生物学的百年回顾及展望	面向 21 世纪的植物分子生物学,44-53	2000
59	冯道荣,许新萍,邱国华,李宝健	多个抗病抗虫基因在水稻中的遗传和表达	科学通报,45(15):1593-1599	2000
60	刘秋云,罗樨,李宝健	粗糙脉孢霉生物钟基因 prd-4 的分子克隆	广州医药,31(5):12	2000
61	刘秋云,李蕾,蒋一帆,罗樨,李宝健	粗糙脉孢霉瓜氨酸需求型突变株的分离	中山大学学报(自然科学版),39(001):118-120	2000
62	徐志祥,李刚,李宝健	苯酚-硫酸法测定灵芝多糖含量的条件研究	食用菌,22(3):6-8	2000
63	刘军波,杨凯,庞义,李宝健	t-PA 在昆虫细胞中的表达	中山大学学报(自然科学版),39(6):77-80	2000
64	刘军波,杨凯,薛爱群,庞义,李宝健	t-PA 昆虫细胞表达及特性分析	实验生物学报,33(4):293-300	2000
65	刘军波,杨凯,庞义,李宝健	t-PA 在昆虫细胞中的表达	中山大学学报,39(6):77-80	2000
66	刘军波,杨凯,薛爱群,庞义,李宝健	t-PA 昆虫细胞表达及特性分析	实验生物学报,33(4):293-300	2000

续上表

序号	作者姓名	论文名称	发表刊物	发表时间
67	冯道荣，卫剑文，许新萍，许耀，李宝健	转多个抗真菌蛋白基因水稻植株的获得及其抗稻瘟病菌的初步研究	中山大学学报（自然科学版），38(4)：62-66	1999
68	余迪求，岑川，李宝健，傅家瑞	植物系统获得抗病性和信号传导	植物学报，41（2）：115-123	1999
69	陈谷，叶长明，李宝健	植物抗病毒基因工程的研究进展	生物技术通报，15(6)：17-22	1999
70	余迪求，岑川，杨明兰，李宝健	玉米不同组织过氧化氢酶对水杨酸敏感性的差异和外源水杨酸处理提高玉米抗病性的研究	植物学报，41(12)：1293-1298	1999
71	许东晖，许实波，李宝健，刘煜，古练权	诱导根癌土壤杆菌vir区基因表达信号分子的构效研究	植物学报，41(11)：1252-1254	1999
72	许东晖，许实波，李宝健，刘煜，黄志纾，古练权	抑制农杆菌生长和转移的水稻信号分子的鉴定	植物学报，41(9)：25-29	1999
73	余迪求，岑川，杨明兰，李宝健	水杨酸诱导烟草培养细胞的脂质过氧化和保护基因表达的研究	植物学报，41(9)：977-983	1999
74	冯道荣，许新萍，卫剑文，李宝健，杨祈云，朱小源	使用双抗真菌蛋白提高水稻抗病性的研究	植物学报，41(1) 1187-1191	1999
75	李宝健，许新萍，冯道荣	农作物改良的多基因策略研究	云南大学学报（自然科学版），21(3)：123-124	1999
76	李宝健	论植物基因工程的发展	云南大学学报（自然科学版），增刊：122-123	1999
77	李刚，李宝健	灵芝原生质体分离与再生的研究	真菌学报，18(1)：79-88	1999
78	许新萍，卫剑文，范云六，李宝健	基因枪法转化籼稻胚性愈伤组织获得可育的转基因植株	遗传学报，26（3）：219-222	1999
79	李明，邱国华，许新萍，许耀，李宝健	含多个抗真菌基因的植物表达载体的构建	中山大学学报（自然科学版），38(5)：67-71	1999

续上表

序号	作者姓名	论文名称	发表刊物	发表时间
80	李刚,李宝健	发酵灵芝菌粉与栽培及野生灵芝的主要功能的成分比较	中药材,增刊:172-174	1999
81	邱国华,张建民,叶长明,李宝健,高乔婉	表达病毒CP基因的转基因南方烟草的攻毒试验	中山大学学报（自然科学版）,39(S1):82-85	1999
82	张良佑,吴洪基,萧整玉,许新萍,胡明,李宝健	转基因水稻的抗虫性初探	华南农业大学学报,19(2):4-8	1998
83	欧阳学智,谢绍萍,李宝健	玉米叶片细胞原生韧皮部筛分子的分化和超微结构：原生质体的变化	植物学报,40(1):14-21	1998
84	许新萍,胡明,卫剑文,陈金婷,李宝健	用高效的基因枪转化系统将抗虫抗病基因导入水稻	遗传,20(S1):12-14	1998
85	李刚,李宝健	影响灵芝原生质体再生的几个因素	食用菌学报,5(3):12-17	1998
86	李瑞雪,黄粤,李宝健	叶绿体基因表达调控的研究进展	生命科学,10(1):13-17	1998
87	张宏,王波,薛爱群,李宝健,谭兆平,黄伟	雄性不育嵌合基因的构建及番茄转化研究	遗传,20,3:5-7	1998
88	冯道荣,叶长明,于湄,李宝健	双杂交系统及其应用	生物技术,8(1):37-38	1998
89	李宝健	生命科学与植物分子生物学	国际学术动态,2:76-83	1998
90	贺竹梅,曹俊,李宝健,黄兴奇	人促红细胞生成素基因在番茄中的表达	遗传学报,25(2):155-159	1998
91	贺竹梅,李华平,李宝健,李志芳,黄定华	绿色荧光蛋白在生命科学研究中的应用	遗传,20,5:43-44	1998
92	许新萍,黄粤,卫剑文,李宝健	绿色荧光蛋白基因在水稻细胞中的高效表达	植物学报,40(1):91-94	1998
93	李刚,李宝健	灵芝发酵培养基的研究	中药材,21(8):379-381	1998
94	刘秋云,贺竹梅,曹俊,李宝健	利用农杆菌系统将超甜定基因导入烟草	遗传,20(1):24-27	1998

续上表

序号	作者姓名	论文名称	发表刊物	发表时间
95	尹中朝，杨凡，许耀，李宝健	利用根癌农杆菌法获得转基因水稻植株及其后代	遗传学报，25(6)：517-524	1998
96	沈亚楠，余迪求，岑川，李宝健	金鱼草Del基因影响烟草花色素苷的研究	中山大学学报（自然科学版），37(3)：17-21	1998
97	许新萍，卫剑文，胡明，李宝健	基因枪转化籼稻的影响因素	中山大学学报（自然科学版），37(1)：88-91	1998
98	贺竹梅，李宝健，张绍松，黄兴奇	蕃茄转基因受体系统的研究	应用与环境生物学报，4(3)：247-250	1998
99	陈谷，叶长明，黄俊潮，李宝健	番木瓜环斑病毒复制酶基因转化番木瓜研究	遗传，增刊：9-11	1998
100	贺竹梅，张奉学，邓文娣，吴小闲，李宝健	大豆皂甙复合物抑制猴免疫缺陷病毒活性的观察	应用与环境生物学报，4(4)：383-385	1998
101	李宝健	本世纪生命科学及植物分子生物学的回顾及21世纪的展望	当前的植物分子生物学（林忠平主编）.科学出版社	1998
102	胡建广，杨金水，赵相山，李宝健	玉米6-磷酸果糖-2-激酶/果糖-2,6-二磷酸酶基因的克隆	中山大学学报论丛，5：68-72	1997
103	许新萍，胡明，卫剑文，李宝健	用基因枪法转化水稻获得转基因植株	中山大学学报（自然科学版），36(6)：25-29	1997
104	徐增富，李宝健	用寡核苷酸本身作为PCR引物检测其重组DNA	生物技术，7(4)：11-12	1997
105	邱国华，徐增富，曹吉祥，李宝健	一种简单实用的提取植物DNA的方法	植物生理学通讯，(5)：368-369	1997
106	贺竹梅，李宝健	香蕉生物技术研究现状与今后的发展	生物工程进展，17(5)：18-22	1997
107	徐增富，刘晓勤，曹吉祥，邱国华，李宝健	无菌短藻丝体钝顶螺旋藻藻株的获得	中山大学学报（自然科学版），36：123-126	1997
108	黄粤，柯遐义，李宝健	通过基因枪轰击转化获得转基因小麦植株的研究	西北植物学研究，17(2)：142-146	1997

续上表

序号	作者姓名	论文名称	发表刊物	发表时间
109	李宝健	论黑色食品持续发展的因素	黑色食品研究与加工技术.中国农业出版社：26-27	1997
110	柯遐义，黄粤，石和平，李宝健	利用电激法将基因转化至小麦幼胚的研究	武汉植物学研究，15(2)：103-107	1997
111	沈亚楠，余迪求，岑川，李宝健	金鱼草Del调控基因影响烟草花色素苷的初步研究	中山大学学报（自然科学版），37(3)：17-21	1997
112	余迪求，李宝健	花色素苷生物合成的遗传和发育调控	植物生理学通讯，33(1)：71-77	1997
113	柯遐义，张秀文，石和平，李宝健	玉米幼胚培养及其影响因素的研究	中山大学学报（自然科学版），2：19-25	1996
114	尹中朝，许耀，杨凡，李宝健	一种检测转基因植物细胞中β-葡萄糖苷酸酶（GUS）活性的实用方法	遗传，18(4)：36-37	1996
115	余迪求，贺平鸽，李宝健	外源基因导入玉米幼胚及其转基因植株再生	热带亚热带植物学报，4(3)：28-33	1996
116	徐增富，李宝健	农杆菌LBA4404不含内源GUS基因	生物化学与生物物理进展，23(3)：286-287	1996
117	许煜，许东晖，李宝健	抗稻瘟病水稻品种叶片中脲类衍生物的分离	有机化学，15：221-222	1996
118	余迪求，邓庆丽，沈亚楠，李宝健	金鱼草转化和转基因植株再生	热带亚热带植物学报，4(4)：86-90	1996
119	余迪求，邓庆丽，沈亚楠，李宝健	金鱼草下胚轴组织培养的研究	园艺学报，23(1)：99-100	1996
120	余迪求，邓庆丽，沈亚楠，李宝健	金鱼草下胚轴不定芽发生及细胞学观察	中山大学学报（自然科学版），35(4)：75-79	1996
121	余迪求，杨明兰，李宝健	建兰原球茎发生及其无性繁殖系建立	中山大学学报（自然科学版），2：13-18	1996
122	黄俊潮，叶克难，陈谷，李宝健	番木瓜体细胞胚发生及发育的影响因素	中山大学学报（自然科学版），35(4)：90-94	1996
123	叶长明，陈谷，黄俊潮，于湄，李宝健	番木瓜环斑病毒复制酶基因的克隆和序列分析	中山大学学报（自然科学版），35(6)：125-127	1996

续上表

序号	作者姓名	论文名称	发表刊物	发表时间
124	许东晖,李宝健,刘煜,黄志纾,古练权	对根癌农杆菌vir区基因具诱导作用的水稻信号分子的分离和确定	中国科学C辑:生命科学,(6):535-541	1996
125	李宝健,尹中朝,许耀	植物基因工程载体Ti质粒毒性区(Vir)基因的组织结构、遗传功能及表达调控	植物分子生物学—成就与展望.科学出版社:229-241	1995
126	黄俊潮,叶克难,李宝健	杂种番木瓜人工种子田间试验	中山大学学报(自然科学版),34(3):120-121	1995
127	刘煜,黄志纾,肖剑国,古练权,许东晖,李宝健,吴厚铭,马侃	诱导根癌农杆菌Vir区基因表达水稻代谢物的分离,鉴定和生物活性研究	有机化学,15(1):72-75	1995
128	张秀文,柯遐义,石和平,陈春洪	用电激法将外源基因导入玉米幼胚并再生植株的研究	广东农业科学,(4):12-16	1995
129	柯遐义,陈春洪,杨芳,李宝健,陈家旺	影响小麦成熟胚培养的几种因素研究	广东农业科学,(6):12-14	1995
130	柯遐义,张秀文,石和平,陈春洪,李宝健	以玉米幼胚为受体的外源基因转化研究	广东农业科学,(2):14-16	1995
131	欧阳学智,李宝健	水稻籼粳杂种F1雌配子体败育的超微结构和酸性磷酸酶细胞化学研究	实验生物学报,28(4):435-437	1995
132	晏小兰,邱国华,李宝健	启动子对外源基因在基因植物中表达的影响	中山大学学报(自然科学版),4(2):60-67	1995
133	徐增富,李宝健,张良佑,吴荣宗	抗褐虱的分子机理及其基因工程策略	广东生物工程研究(林剑等编).暨南大学出版社,广州:201-202	1995
134	黄志纾,吴兰宝,肖剑国,黄起鹏,刘煜,古练权,许东晖,李宝健,吴厚铭,翁冠洪,马侃	抗稻瘟病水稻品种叶片中脲类衍生物的分离鉴定和生物活性研究	有机化学,15(2):21-224	1995

第六章 成果年表

续上表

序号	作者姓名	论文名称	发表刊物	发表时间
135	余迪求，李宝健	金鱼草（Antitthinum majus L.）下胚轴外植体不定芽的高频再生	Developmental & Reproductive Biology	1995
136	尹中朝，李宝健，施骏，许耀，刘吉开	存在水稻中新型农杆菌毒性区基因的信号分子	科学通报，40(12)：1126-1128	1995
137	张秀文，柯遐义，石和平，李宝健	用基因枪轰击技术将外源基因导入甜玉米	广东农业科学，7：14-18	1994
138	徐增富，邱国华，王金发，李宝健，董春	水稻白叶枯病菌的桔抗菌的筛选及其抗菌物质的研究	中山大学学报（自然科学版），33(3)：122-124	1994
139	余迪求，邓庆丽，沈亚楠，李宝健	金鱼草组织培养和基因转化	94—中国青年学者发育生物学讨论会：59-60	1994
140	余迪求，许耀，李宝健	根癌农杆菌转化谷子细胞早期的细胞生物学研究	中山大学学报（自然科学版），33(2)：10-17	1994
141	李宝健，赖来展	植物生物技术的现状与前瞻	广东农业科学，(5)：2-5	1993
142	叶克难，黄俊潮，李宝健	杂种一代木瓜人工种子制作的研究	植物学报，35：83-87	1993
143	陈春洪，张秀文，柯遐义，石和平，李宝健	应用电激法将外源基因导入小麦的研究	广东农业科学，(5)：11-13	1993
144	祁祖白，蔡业统，李宝健	影响籼粳杂种育性诸因素的研究	广东农业科学，(2)：4-6	1993
145	叶克难，余迪求，黄俊潮，李宝健	脱水对番木瓜体细胞胚胎贮藏和萌发的影响	中山大学学报（自然科学版），32：63-69	1993
146	李宝健，王金发，徐增富等	人生长激素基因在花叶芋中的整合与表达	中国科学（B辑），23(4)：377-381	1993
147	许耀,施骏,李宝健	单、双子叶植物的代谢物调节农杆菌Vir区基因表达的研究	遗传学报,20(1)：59-67	1993
148	尹中朝，许耀，李宝健	Ti T-DNA转化植物细胞机制的几个理论问题探讨	遗传学基础理论问题讨论文集.北京师范大学出版社:122-137	1993

续上表

序号	作者姓名	论文名称	发表刊物	发表时间
149	余迪求，李宝健	玉米生活精子的分离及扫描电镜观察（简报）	实验生物学报，25(2)：201-205	1992
150	徐增富，李文雷，叶克难，李宝健	一种简易的与考马斯亮蓝相结合的低背景银染法	植物生理学通讯，28(5)：372-373	1992
151	许耀，李宝健	小麦培养细胞的农杆菌遗传转化研究	广东生物工程学会论文集：4-7	1992
152	欧阳学智，李宝健	籼粳杂种F1雌性败育的某些超微结构特征	两系法杂交水稻研究论文集. 袁隆平主编. 农业出版社：290-296	1992
153	余焰华，郭惠珊，邹韵霞，李宝健	外源基因导入贡柑及其人工种子构建的研究	中山大学学报（自然科学版），3(1)：79-85	1992
154	叶克难，李文雷，徐增富，黄俊潮，李宝健	苜蓿体细胞胚胎发生过程中DNA、RNA和蛋白质合成动态	实验生物学报，25(40)：3-11	1992
155	李宝健，徐增富	动物基因在植物中的整合，转录与表达	生命科学，4：6-17	1992
156	李宝健，石和平，许耀等	植物基因转化技术的建立与发展	高技术通讯（创刊号），1(1)：1-5	1991
157	柯遐义，石和平，叶克难	用基因枪技术将外源基因导入几种植物的初步研究	中国的遗传学研究中国.科技出版社	1991
158	赖来展，李宝健	水稻育种实用的生物技术系列化研究	全国"高新技术在农业中应用研究"论文集：9-18	1991
159	祁祖白，李宝健，杨文广，蔡业统	水稻耐盐性遗传初步研究	广东农业科学,(5)：17-25	1991
160	余迪求,许耀,李宝健	根癌农杆菌转化禾本科作物谷子细胞的电镜放射自显影研究	中国的遗传学研究.科学技术出版社:230-243	1991
161	许耀,王艇,李宝健	根癌农杆菌介导的外源基因转化植物萌动种胚的研究	实验生物学报,24:42-50	1991
162	叶克难,马蕾,李宝健	番木瓜悬浮培养的体胚发生植株再生	植物学报,33:565-558	1991

续上表

序号	作者姓名	论文名称	发表刊物	发表时间
163	石和平，许新萍，李宝健	HEPES-3型高效电激仪及用电注射法把外源基因直接导入植物组织并获转基因水稻的研究	中国的遗传学研究.中国科技出版社：96-98	1991
164	赖来展，李宝健	中华黑米资源的经济特性及其系列食品的营养研究	广东农业科学，(2)：46-53	1990
165	李宝健，欧阳学智，许耀	应用农杆菌Ti质粒系统将外源基因转籼稻细胞的研究	中国科学B辑，(2)：144-149	1990
166	祁祖白，李宝健，吴启元，蔡业统	籼粳稻杂种一代的生理学性状和米质性状的杂种优势	遗传，12：7-10	1990
167	叶克难，李宝健	外源基因导入苜蓿细胞及其人工种子构建的初步研究	植物体细胞胚胎发生和人工种子.科学出版社：54-60	1990
168	邹韵霞，郭惠珊，许丽萍，李宝健	四会贡柑体胚发生因素的初步研究	植物体细胞胚胎发生和人工种子.科学出版社：100-105	1990
169	石和平，柯遐义，许新萍，李宝健	水稻、玉米、大豆的电激和高速微弹转化外源基因的表达和转化水稻植株再生的研究	植物遗传理论与应用研讨会文集：56-59	1990
170	许耀，王艇，尹中朝，李宝健	萌动种胚作为农杆菌转化受体系统的探讨	中国的遗传学研究.中国科学技术出版社：101-102	1990
171	余迪求，许耀，李宝健	根癌农杆菌转化禾本科作物谷子细胞的电镜放射自显影研究	中国遗传学研究.中国科学技术出版社：152-153	1990
172	许耀，李宝健，欧阳学智	根癌农杆菌与小麦、水稻培养细胞的相互作用及其基因转化	植物遗传理论与应用研讨会文集：50-55	1990
173	王金发，李宝健	转基因植物中NPTII的快速检测	中山大学学报（自然科学版），8(4)：166-169	1989

续上表

序号	作者姓名	论文名称	发表刊物	发表时间
174	石和平，柯遐义，李宝健	用两种电激仪将外源基因导入胡萝卜和水稻的比较研究	中山大学学报（自然科学版），8(4)：67-72	1989
175	石和平，柯遐义，李宝健	用高速微弹法将外源基因导入水稻愈伤组织	中山大学学报（自然科学版），8(4)：163-165	1989
176	赖来展，李宝健	应用生物技术选育黑优粘系列水稻新品种的研究	中山大学学报（自然科学版），8(4)：123-127	1989
177	王金发，许友卿，李宝健	萤火虫萤光素酶基因转化花叶芋及表达的研究	中山大学学报（自然科学版），8(4)：12-16	1989
178	李宝健，吴敏	以改进的农杆菌 Ti 质粒转化外源基因于单子叶植物花叶芋的研究	科学通报，8：615-617	1989
179	曾庆平，李宝健	叶盘共培养法介导的基因转移与两种转基因植物的鉴定	中山大学学报（自然科学版），8(4)：29-38	1989
180	叶克难，李宝健	研制含外源基因的中国首苜人工种子	中山大学学报（自然科学版），8(4)：83-90	1989
181	欧阳学智，许耀，李宝健	小麦悬浮培养细胞与根癌农杆菌相互作用的亚显微生物学研究	中山大学学报（自然科学版），8(4)：55-60	1989
182	祁祖白，李宝健，吴启元，蔡业统	籼粳杂种一代性状特征杂种优势表现的研究	中山大学学报（自然科学版），8(4)：128-136	1989
183	李宝健，欧阳学智	籼粳杂种 F1 小花败育的细胞学研究	中山大学学报（自然科学版），8(4)：137-146	1989
184	欧阳学智,李宝健,张志宇	水稻珠心细胞的超微结构及酸性磷酸酶活性的动态变化	中山大学学报（自然科学版），8(4)：147-156	1989
185	王金发,许友卿,李宝健	人生长激素基因转化花叶芋及 PEG 在转化中的作用	中山大学学报（自然科学版），8(4)：7-11	1989
186	欧阳学智,王金发,李宝健	农杆菌附着于烟草、花叶芋的扫描电镜比较观察	中山大学学报（自然科学版），8(4)：61-66	1989
187	李宝健	论植物生物技术的形成和发展	中山大学学报（自然科学版），8(4)：183-193	1989
188	李宝健	论植物生物技术的概况与展望	生物工程进展，11:7-12	1989

续上表

序号	作者姓名	论文名称	发表刊物	发表时间
189	李宝健，欧阳学智，许耀	将农杆菌Ti粒携带的外源基因转入水稻细胞	中山大学学报（自然科学版），8(4)：40-47	1989
190	胡志华，李宝健	胡萝卜人工种子制备的初步研究	中山大学学报（自然科学版），8(4)：91-98	1989
191	邱国华，王金发，李宝健	含LEG工程质粒的构建及其转化甘蓝的研究	中山大学学报（自然科学版），8(4)：23-28	1989
192	邹韵霞，李宝健	贡柑原生质体再生植株的研究	中山大学学报（自然科学版），8(4)：106-109	1989
193	邹韵霞，许莉萍，李宝健	贡柑体胚发生和成苗的研究	中山大学学报（自然科学版），8(4)：110-117	1989
194	赖来展，刘毅敏，江周林，李宝健	高蛋白高营养稻米资源的收集、培育和开发研究	中国营养学会第二届营养资源学术会议论文汇编	1989
195	王金发，许友卿，李宝健，李文相	豆球蛋白基因转化花叶芋的研究	中山大学学报（自然科学版），8(4)：17-22	1989
196	李宝健，石和平，柯遐义	电激法将外源基因导入三种植物的组织细胞	中山大学学报（自然科学版），8(4)：73-77	1989
197	吴敏，李宝健	Roi基因在三种植物中转化与表达的比较研究	中山大学学报（自然科学版），8(4)：1-6	1989
198	李宝健，赖来展	谈谈开展水稻营养品质育种的现实意义	广东农业科学，(6)：9-16	1987
199	祁祖白，李宝健，黄国维，杨文广，张运钦，吴秀峰	水稻抗白叶枯病基因及其在多代回交情况下的遗传规律的研究	遗传,9(1)：12-18	1987
200	张兆梁，李宝健	甘兰型油菜雄性不育系与菜心种间试管受精的研究	遗传学报,12(3)：183-188	1985
201	涂桂洪，李宝健	长春花生物碱高产细胞株的筛选	细胞生物学杂志,6(4)：164-168	1984
202	关永全，李宝健	山东白花烟草叶肉原生质体培养及植株再生	遗传学报,11(2)：114-117	1984

续上表

序号	作者姓名	论文名称	发表刊物	发表时间
203	关永全，李宝健	山东白花烟[Nicotiana tabacum（mutant）]叶肉原生质体培养及植株再生	中山大学学报（自然科学版）	1984
204	王金发，李宝健	大豆脲酶基因片段的无性繁殖	遗传学报，11(3)：189-194	1984
205	丘泉发，刘振声，李宝健，罗进贤，李爱群，颜浩，陈伟荣	r-射线引起花生和水稻种胚非按时DNA合成效应的研究	遗传学报，11(1)：12-18	1984
206	祁祖白，李宝健，杨文广，吴秀峰	水稻籽粒外观品质及脂肪的遗传研究	遗传学报，10(6)：452-458	1983
207	李宝健	试论达尔文主义的现实意义	广东省纪念达尔文逝世100周年大会报告，广东省科协论文专集：1-9	1982
208	李宝健	细胞生物学的概况与动态	生物科学动态：14-18	1980
209	李宝健	试论水稻遗传学研究	农学文摘，8(1)：1-6	1980
210	李宝健	我国遗传学的研究进展、差距与动向	广东学术交流：22	1979
211	李宝健	水稻主要经济性状遗传规律的初步研究	广东农业科学，5：24-30	1979
212	李宝健，张晚兴，刘果昌，邓钧华，陆仲康，梁宏，张雪琴，王兰岚，刘福全，周素	激光与一些理化因子遗传诱变效应的比较研究	中山大学学报（自然科学版），3:91-101	1979
213	李宝健，张晚兴，刘果昌，邓均华，陆仲康，梁宏，张雪琴，王兰岚，刘福全，周素	激光与一些理化因子遗传效应的比较研究	遗传学报,(1)：51	1979
214	李宝健	遗传学与遗传工程	广东青年,5(6)：38-39	1978

续上表

序号	作者姓名	论文名称	发表刊物	发表时间
215	李宝健	遗传工程——创建新生命的科学	南方日报，12，8	1978
216	李宝健	改造生物的崭新途径——遗传工程	遗传育种，1：3-4	1978
217	李宝健	对固定杂交水稻优势的看法	遗传育种，1：12	1978
218	李宝健	浅谈水稻杂种优势利用	广东农业科学，(3)：21-22	1977
219	李宝健	光复合诱变效应的初步研究	广东激光，(1)：64-70	1977
220	江静波，崔世治，李宝健，蒲炳伟	关于加强基础理论问题的讨论	中山大学学报（自然科学版），(2)：6-11	1977
221	中山大学遗传学组（李宝健主持）	作物三系一些生物学特征的研究——关于胞质-胞核遗传因子控制的雄性不育性状发生机理的探讨	中国科学（中国科学技术成就专刊），(1)：65-73	1976
222	李宝健，林启汉等	激光育种试验新进展	中山大学学报，2：30-34	1976
223	李宝健，林月婵等	激光对染色体作用的初步研究	激光，3(2)：26-31	1976
224	李宝健	积极开展作物遗传育种理论研究	中山大学学报，4：68-71	1976
225	李宝健，林月婵等	作物三系生物学特征的研究 II	遗传学报，(2)：62-71	1975
226	庄豪，邓仕汉，李宝健	试用对立统一规律探讨遗传学中的一些问题	遗传学报，2(1)：7-15	1975
227	庄豪，邓仕汉，李宝健	试用对立统一观点探讨遗传学中的一些问题	中山大学学报（自然科学版），(1)：38-46	1975
228	李宝健	辐射诱变的染色体类型鉴别及其在选育种实践中的应用	中山大学学报（自然科学版），4：65-75	1975
229	李宝健，林月婵等	作物三系生物学特征的研究 I	遗传学报，(2)：120-128	1974

续上表

序号	作者姓名	论文名称	发表刊物	发表时间
230	李宝健	微生物诱变育种的基本原理及方法	微生物学资料汇编.第六集.科学出版社：151-159	1974
231	李宝健等	高粱雄性不育株与可育株保持和恢复系的细胞形态发育的比较研究	中山大学学报（自然科学版），1：16-34	1974
232	李宝健	辐射遗传育种领域几个理论问题的探讨	中山大学学报（自然科学版），1：10-16	1974
233	李宝健等	雄性不育的类型及其在"三系"选育中的利用前景	中大科技通讯，1：8-15	1973
234	李宝健	对遗传学发展的一些看法	遗传学通迅，3：26-31	1973
235	李宝健	浅谈水稻杂种优势利用	广东农业科学，3：21-25	1972
236	李宝健	杂种水稻生物学特征的初步研究	中山大学学报（自然科学版），15：34-51	1967
237	李宝健	亚麻雌配子发生和受精过程的细胞学研究	遗传学集刊，2：91-96	1964
238	李宝健	在洋葱细胞减数分裂和有丝分裂过程中核酸和蛋白质合成的显微放射自显影研究	Journal of Integrative Plant Biology,（2）：109-116	1963
239	李宝健	在洋葱减数分裂和有丝分裂过程中核酸和蛋白质合成的显微放射自显影研究	植物学报,11：109-113	1963
240	李宝健	一些被子植物小孢子小配子发生过程的细胞化学研究	植物学报,11：283-289	1963
241	李宝健,丘泉发,刘振声	小苏打（碳酸氢鈉）对细胞透性影响的初步研究	中山大学学报（自然科学版），3：101-105	1963
242	庄豪,李宝健,邓仕汉,刘振声,冼炽元	利用同位素研究无性杂交接穗与砧木关系的一些规律	中山大学学报（自然科学版），3：116-122	1963
243	李宝健,丘泉发,陈舜华,古德祥,尤能攀	关于电离辐射对细胞透性影响的研究	中山大学学报（自然科学版），(Z1)：94-1002：93-100	1963

续上表

序号	作者姓名	论文名称	发表刊物	发表时间
244	李宝健	有关植物细胞化学研究的一些资料	全国第一次细胞学学术讨论会汇编. 科学出版社：5	1962
245	李宝健	电离辐射对洋葱减数分裂各期细胞影响的敏感性的初步研究	遗传集刊，1(1)：49-56	1962
246	于志枕，傅家瑞，李宝健	亚麻哈系384品种的光照阶段分析的初步报告	中山大学学报（自然科学版），6：16-22	1956
247	伍辉民，陈艺林，何道泉，李宝健	梅县光头小麦品种的阶段分析	中山大学学报（自然科学版），3：35-44	1955

参 考 文 献

[1] 广东百科全书编纂委员会. 广东百科全书. 北京：中国大百科全书出版社，1995.

[2] 中华全国总工会办公厅. 中华群英录. 北京：中国大百科全书出版社，1991.

[3] 中国劳模编辑委员会. 中国劳模. 北京：中国工人出版社，1991.

[4] 王亚东. 强国丰碑. 北京：中央文献出版社，2005.

[5] 冯双. 中山大学生命科学学院（生物学系）编年史 1924—2011. 修订版. 广州：中山大学出版社，2011.

[6] 李汉荣. 师道——中山大学校报人物专栏作品精选. 北京：光明日报出版社，2010.

[7] 余志. 康乐红楼——中国大学校园建筑典范. 香港：商务印书馆（香港）有限公司，2004.

后　　记

　　我们自始至终怀着崇敬和激动的心情编辑本书。作为李宝健先生的学生和后来多年的同事，我们深深地感受到老一代科学家对祖国的深切热爱和对科学事业的执著追求。全书我们客观、择要地展示和再现了李宝健教授80年来所经历的风风雨雨和取得的成就。在反复校对书稿的过程中，我们一遍又一遍地沉浸在李老先生的人生旅程中，我们的灵魂也在不断受到洗涤和净化。

　　李宝健教授的少年时期正值旧中国贫穷和虚弱的时代，又不幸遭逢残酷的抗日战争。旧时代出新人，残酷铸就坚强。由于家庭的熏陶，他在青年时代（14岁起）就有幸接受了地下共产党的教育和培养。在本书中追寻李先生的人生，我们可以看到，他自大学毕业后，经过近60年的艰苦奋斗，朝乾夕惕，为国家做了大量的教学、科研以及行政和社会工作。他在中山大学共开设了细胞学、遗传、分子遗传学、生物工程、成功学等8门课程，且多数课程在中山大学属于首次开设。他培养了70多名博士后、博士生和硕士生等高级人才，主持过4次全国性的具有重要影响的高级培训班等，他还在多次国际学术会议上作大会报告，为我国的人才培养和中国遗传学、生物工程等领域的发展作出了积极的贡献。在科研工作上更是贡献了他的毕生精力。他和他的团队在 Nature Medicine、PNAS、《中国科学》等杂志上共发表论文近300篇，获得20余项发明专利，许多成果被认为是国际领先的。他荣获全国科学大会奖、国家科技进步奖二等奖、教育部自然科学奖、广东省科学大会奖、广东省科学技术奖一等奖、二等奖等省部级以上科技奖多项。他曾兼任中山大学副校长和研究生院院长，首届广东省研究生教育协会会长，为中山大学的发展特别是在推动研究生教育在广东省的建立和提高作出了重要贡献。他先后被评为全国先进工作者、全国教育系统劳动模范、国家有突出贡献专家、全国高校先进科技工作者等，并享受国务院特殊津贴。

　　书稿付梓，我们要感谢许多人：中山大学出版社社长祁军、编辑张礼凤、技编黄少伟等人，他们为出版一部美轮美奂的著作而殚精竭虑；生命科学学院松阳洲院长、束文圣常务副院长、屈良鹄教授以及李刚、许新萍、邓钧华、张墨冉等老师为书籍出版、书稿校对、照片整理、素材提供等提出宝贵意见和付出辛勤劳动；李宝健老师的家人亦为书籍出版献力献计……

  翻开历史，重温人事。岁月的沧桑、时代的砥砺，都会使我们掩卷沉思。

  半亩方塘一鉴开，天光云影共徘徊。
  问渠那得清如许，为有源头活水来。

作　者
2013年4月于广州康乐园